想像力開發創意教室 2

陳璐茜◎文‧圖

自序
說出自己的想像，就是創作

◎陳璐茜

在上一本《想像力開發教室》的課程裡，我們拉住了想像力的風箏，飛過了小豆子、飛入了一封信，跟著蝴蝶飛進了公車，孩子的想像力有了輕鬆的表達方向。

在發想之後，孩子們將想像出來的畫面，用自由的創作方式表現出來，孩子可以說一個故事、畫一張圖畫、做一本手製繪本來表達一個想法，也可以什麼都不做，只將想像中的畫面說出來，只要孩子能夠把想像中的東西用任何形式描述，他就已經在創作了。讓孩子保持想像的興趣，孩子的想像力和創造力自然形成良性互動，他會發現原來科學是可以想像的，國語是需要思考的，生活是可以創造的，學科也可

以是有娛樂價值的，只要他用想像力進入學習的方式。

　　想像力引導出無數的出口，正足以提供孩子旺盛活力揮發的空間。

　　本書的每一堂課包括以下項目：

主題發想　　利用小故事引導主題重點。

互動時間　　示範操作方式提供師生互動練習。

主題模擬　　請孩子模擬出一個有想像力的故事或畫面。

思考時間　　由個人或小組分別進行討論將結果記錄下來。

發表時間　　分為當場發表、自由發表、想像力開發教室公布
　　　　　　欄等發表方式，讓孩子自然的表達自己的想法和
　　　　　　創意。

想像力延伸　　將主題概念延伸之後的可能性是什麼？有興趣
　　　　　　的孩子可以繼續想想看。

教室環境設定　　大家都不說流行語、不畫流行偶像商品，只
　　　　　　說自己心裡的話、畫出自己創造的造形。

本書使用方法：

每一堂課沒有前後順序的限制，老師可以自由選擇其一來進行，用以配合課程所需。

第十五堂課：我聽到了——真的聽到了嗎？

第十六堂課：用想像構築的世界——獨一無二的生命藍圖

開發想像力的目的，不僅僅激發藝術方面的想法，如能靈活運用本書的課程，將同時加強孩子藝術表現、語言表達、文字運用、創作練習、思考活化、生活實踐、建立自信等項目，引導孩子在學習過程中培養獨立、創意的思考方法，並形成自我和世界的觀照模式，能使其在成長的路上，慢慢累積面對未來生活所需要的能量。

無論是老師或家長看了這本書，希望你在和孩子互動之前，先利用「互動時間」、「主題模擬」、「思考時間」為自己做想像力的開發練習，首先表達出自己的想法、寫下自己的故事，有了自我開發經驗之後，你會覺得開發孩子的想像力也變得簡單、有趣了。

如果沒有老師或家長的引導，小朋友也可以自己進行想像力開發，按著書上的指示，說出自己的句子、寫出自己的故事，你將會發現一個不一樣的自己，而且你可能也是一個全方位的創作者。

目錄

教室環境設定　　　　　　　　　　　　　　　　　　　　LUCY

大家都不說流行語、不畫流行偶像商品，只說自己心裡的話、畫出自己創造的造形，設有「想像力開發教室公布欄」，提供孩子自由發表的空間。

第一堂課

煩惱花園——填補煩惱的破洞

 主題發想

我的心裡破了一個洞

漫無目的的走在坑坑洞洞的路上，我的腳絆到一條繩子，差點跌倒，我努力的站穩腳步，回過神，才發現路面上的坑洞並不存在，是我的心裡破了一個洞，而那條繩子也是我的想像。

今天上體育課時，阿強居然沒有選我到他的隊上，害我到最後都沒人選，只能加入紅隊，紅隊隊長是我們的死對頭阿鬼，每次打球，我和吳立強總是很有默契的聯手對付他，雖然結果有輸有贏，但是下課後一起吃冰都有共同的話題，球賽的過程在冰店又精采重播。

我狠狠的瞪了阿強一眼，拖著不甘願的身軀進入球場，我刻意的超阿強的球，還蓋了他兩次火鍋，終場紅

隊贏了三分，但是我並不高興，阿強輸了球卻開心的和隊友們嬉鬧，我默默的走出校園前，阿鬼居然拍拍我的肩：「打得不錯嘛！下次我先選你！」我調侃說：「下次你先把鞋帶繫緊吧！」他不好意思的露出靦腆的表情，快步離開。

我並不想和阿強對立，也不想讓心裡的洞愈破愈大，我站在冰店前發呆，不知何時出現的阿強，把我推了進去：「吃冰了，今天我請你！」

最後一口冰在嘴裡融化時，我鼓起勇氣問阿強：「今天你怎麼沒選我？」

阿強說：「我想和你對打啊！你果然厲害！」

我們一起笑著回想阿鬼鞋帶掉了的窘樣，笑聲把我心裡的洞慢慢的填補起來了，也許青春的友誼，也能將阿鬼的鞋帶繫緊。

想像力手記

在日常生活中，我們難免衍生各式各樣的煩惱，小到鞋帶斷了，大到和好友產生誤會，這些煩惱不時出現，干擾平靜的日子，如何分辨出自己的煩惱差異，或是找出發生的來源，是了解自己、與世界和平共處的好方法。

操作方法1

你有煩惱嗎？是什麼煩惱？請孩子輪流說出自己最大的煩惱。

例句：

（1）我的煩惱是腳踏車脫鍊了。

（2）我的煩惱是颱風來時，我的房間會漏水。

（3）我的煩惱是老師說我的字太醜了。

（4）我的煩惱是下課時間太短。

（5）我的煩惱是爸爸不給我買新遊戲。

（6）我的煩惱是媽媽晚上要加班，我得自己煮晚餐。

（7）我的煩惱是外婆一個人住鄉下，現在她生病了。

（8）我的煩惱是才藝課太多，我不能好好畫我喜歡的圖。

（9）我的煩惱是新來的同學太吵了，我不能專心上課。

（10）我的煩惱是隔壁班的小麗沒有給我回信。

想像力手記

很多煩惱會不分大小的在某種程度上，影響了孩子的表現，如果有機會說出自己的煩惱，也許負擔會小一點，因為你會知道有煩惱的不只是你，每個人都在承受不同的壓力，也在努力過生活。

操作方法2

煩惱對你來說像是什麼呢？請孩子發揮想像力，將煩惱圖像化，並輪流說出來或是畫出來。

例句：

（1）我的煩惱像是從腦子裡長出一棵樹，樹上結了許多奇怪的果實。

（2）我的煩惱像是頭上頂了一片烏雲，我走到哪裡，它就跟到哪裡。

（3）我的煩惱像是很多條繩子，把我綁住了。

（4）我的煩惱像是卡在喉嚨裡的魚刺，一想起來就覺得痛。

（5）我的煩惱像是戴了一頂很重的帽子，壓得我喘不過氣。

（6）我的煩惱像是沖激沙灘的海浪，一波波襲來。

（7）我的煩惱像是一個拳擊手，不斷的攻擊我。

（8）我的煩惱像是監牢，把我關了起來。

（9）我的煩惱像是一個瘋子，一直跟蹤我。

（10）我的煩惱像是死在魚缸裡的魚，浮浮沉沉。

想像力手記

每個人對煩惱的感受度和承受度都不同，有些煩惱只存在瞬間，有些煩惱卻存在很久，透過文字或圖像，我們看到了每個人的煩惱，更能生出設身處地的同情心，有了彼此關照的對象，也許煩惱會抵消不少。

主題模擬

　　請每個孩子模擬主題故事「我的心裡破了一個洞」，想出一個有想像力的故事或畫面。如果煩惱會讓這個世界破洞？破了洞要怎麼辦？

嗡、嗡、嗡

（1）小蜜蜂有好多煩惱，煩惱讓他的花園破了好多個洞，他只好把每個煩惱埋進去，將土填平。

（2）嗡、嗡、嗡，小蜜蜂埋下了「力氣不夠大」的煩惱。

（3）嗡、嗡、嗡，小蜜蜂埋下了「大黃蜂很可惡」的煩惱。

（4）嗡、嗡、嗡，小蜜蜂埋下了「採花粉速度不夠快」的煩惱。

（5）嗡、嗡、嗡，小蜜蜂埋下了「花開得不夠多」的煩惱。

（6）嗡、嗡、嗡，小蜜蜂埋下了「雨下太多」的煩惱。

（7）嗡、嗡、嗡，大雨過後，小蜜蜂的煩惱被沖走了，花園裡開滿了花，他在花園裡飛來飛去採花粉，快速的把花粉滾成了一個大球。

（8）嗡、嗡、嗡，小蜜蜂用力的滾著花粉球向前飛，遇見了大黃蜂。

（9）嗡、嗡、嗡，小蜜蜂把花粉球丟向了大黃蜂，把他壓扁了。

（10）嗡、嗡、嗡，小蜜蜂沒有煩惱了，嗡、嗡、嗡，快樂採花粉，花園裡一個破洞都沒有。

想像力手記

煩惱和擔憂伴隨出現，如果先把煩惱擱置一旁，便能專心做該做的事，少了杞人憂天的悲觀，也許煩惱就會自然消失了。

說故事時間

請孩子發表他的模擬創作。

發表完畢後，由老師對孩子提出以下問題，讓孩子自由回答，避免評論。

◆問題1：當你有任何煩惱時，會找誰商量？為什麼？

◆問題2：煩惱出現時，你會馬上想辦法解決嗎？還是繼續煩惱？

 **思考時間**

由個人或小組分別進行討論，將結果記錄下來。

★思考1：自己有煩惱時該怎麼辦？

★思考2：別人有煩惱時，你會如何安慰他？

★思考3：有些煩惱可努力解決，有些煩惱要默默承受，請各舉出三個例子。

【發表時間】利用當場發表、自由發表、想像力開發教室公布欄等方式，讓孩子自然的表達想法或創意。

想像力延伸

將主題概念延伸之後的可能性是什麼？有興趣的孩子可以繼續想想看。以下的畫面請想像主角是一個布娃娃。

（1）我的心裡破了一個洞，很多笑聲從洞口流了出去，我忘了我的快樂。

（2）我的心裡破了一個洞，很多色彩從洞口飛了出去，我忘了我的興奮。

（3）我的心裡破了一個洞，很多的愛從洞口溜了出去，我忘了我的幸福。

（4）我的心裡破了一個洞，很多回憶從洞口竄了出去，我忘了我是誰。

（5）我拖著無力的步伐，走在沒有盡頭的路上，知道破了洞的自己已經無法前進。

（6）這個時候，一隻蜘蛛爬到我的心上，牠說：「破了洞，可以重新縫補，失去的可以重新追求。」

（7）蜘蛛絲將我心上的破洞縫合，於是我重新出發。

（8）我喜悅的笑著，欣賞盛開的花朵，笑聲和色彩重新
　　填補了空洞的心。

（9）蜘蛛的愛為我織出了新的回憶，我活出了新的生
　　命。

（10）當我大步前進，我看到路的盡頭站著一個重生的
　　　我。

想像力手記

這是一個有奇幻氣氛的故事，煩惱的破洞讓
娃娃失去一切，也許破洞本身就是娃娃的煩
惱，將破洞復原，煩惱就消失了，一切觀點
在瞬間轉換，對娃娃或一般人來說，就像是
獲得新生。

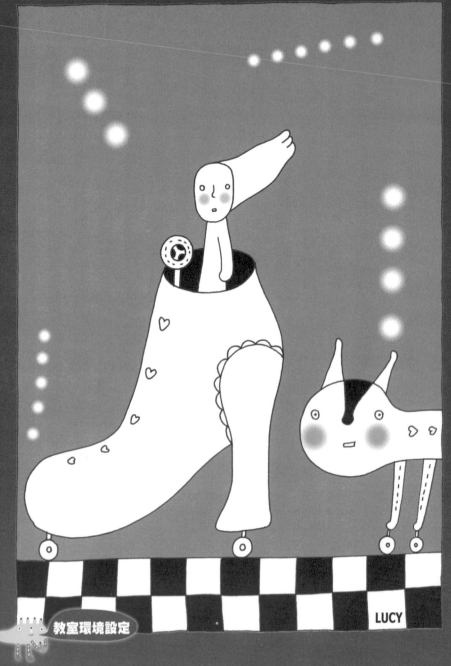

教室環境設定

大家都不說流行語、不畫流行偶像商品，只說自己心裡的話、畫出自己創造的造形，
設有「想像力開發教室公布欄」，提供孩子自由發表的空間。

第二堂課

流行的世界──跟隨自己的流行

流行商店

　　街上新開了一家店，叫作「流行」，老闆是一隻螃蟹，店裡擺著五花八門的商品，大家都說要找最流行的東西，找螃蟹老闆就對了。

　　螃蟹老闆喜歡穿八隻不同的鞋子，大家都學他。

　　螃蟹老闆喜歡穿硬得像盔甲的衣服，大家都學他。

　　螃蟹老闆喜歡戴貝殼帽子，大家都學他。

　　螃蟹老闆喜歡戴厚重的皮手套，大家都學他。

　　螃蟹老闆喜歡邊吃東西邊吐泡泡，大家都學他。

　　關了店門，螃蟹老闆喜歡在沙灘上挖個洞睡覺，大家都學他。

　　螃蟹老闆總是橫著走路，大家都學他。

有一天，街上相同打扮的人都撞成了一團，小熊問熊媽媽：「我們為什麼不直直走，這樣就不會相撞了。」

所有的人像突然醒過來一樣，問身邊的人：「我們為什麼要橫著走路？」

大家都答不出來，而且很快的，「流行」商店就不流行了。

多半時候，你會看到螃蟹老闆擠在滯銷的商品堆裡，努力的練習直走呢！

想像力手記

流行是一種時代變遷的產物，可能呈現在各個領域，大至改變價值觀，小到改變生活習慣，大家常常被牽著鼻子走，卻忘了問自己：「為什麼？」

操作方法1

　　流行的世界裡，有不趕流行的生活態度，想想看，你或周圍的人有沒有不趕流行的時候，用例句的方式呈現，請孩子輪流說出來。

　　例句：

（1）我不趕流行，我不喜歡上網。

（2）阿姨不趕流行，她不喜歡名牌包包。

（3）我家的狗不趕流行，牠不喜歡狗食罐頭。

（4）爸爸不趕流行，還穿著十年前的西裝。

（5）爺爺不趕流行，親自寫信給朋友。

（6）阿青不趕流行，他不喜歡吃速食。

（7）姊姊不趕流行，她不迷韓劇。

（8）我的同學不趕流行，他不喜歡偶像明星。

（9）媽媽不趕流行，她不喜歡唱卡啦OK。

（10）叔叔不趕流行，他不喜歡「吃到飽」餐廳。

想像力手記

所謂的流行，包括了衣、食、住、行上的潮流變化，流行的事物也可能瞬間變得不流行，不流行的事物也能瞬間流行起來，流行的事物不見得適合所有的人，如何認清自己的好惡，才能培養自己的獨立價值觀，建立自己的生活品質。

操作方法2

有時候，自己的步調就是和別人不同，別人快時，你喜歡慢；別人慢時，你喜歡快，這些「不同步」造就了有趣的世界，請按下列句型，輪流說出自己的觀察。

例句：

（1）爸爸喜歡快快吃飯，媽媽喜歡慢慢吃飯。

（2）奶奶喜歡快快走路，爺爺喜歡慢慢走路。

（3）小狗喜歡快快洗澡，小貓喜歡慢慢洗澡。

（4）我喜歡快快寫功課，妹妹喜歡慢慢寫功課。

（5）你喜歡快快騎腳踏車，他喜歡慢慢騎腳踏車。

（6）弟弟喜歡快快吃冰淇淋，我喜歡慢慢吃冰淇淋。

（7）阿姨喜歡快快說話，舅舅喜歡慢慢說話。

（8）兔子喜歡快快跳，烏龜喜歡慢慢爬。

（9）大叔叔喜歡快快開車，小叔叔喜歡慢慢開車。

（10）姊姊喜歡快快整裡房間，哥哥喜歡慢慢整理房間。

想像力手記

個人的喜歡也是一種流行，喜歡豆漿配土司、喜歡左腳紅襪右腳綠襪、喜歡一邊洗澡一邊看書，別人也許覺得奇怪，自己覺得舒適就好，流行與我同行，變成了屬於個人的習慣或態度，說不定有一天，也能帶動觀念或時尚的流行。

主題模擬

請孩子讀完以下的故事，也寫出一個和流行有關的故事，如果把它們畫出來，就是一本圖畫書了！

琪琪的新帽子

（1）琪琪做好了一頂新帽子，她想給帽子縫上一些流行的裝飾。

（2）琪琪戴著帽子出門，她看到路上開滿了花，
她想：「現在一定是流行彩色的花。」

（3）琪琪看到一棟房子牆上，漆了黑白格子的圖樣，
她想：「現在一定是流行黑白格子。」

（4）琪琪看到公園裡，每個小孩手上都拿著氣球，
她想：「現在一定是流行氣球。」

（5）琪琪看到甜甜圈店門口，大排長龍，
她想：「現在一定是流行甜甜圈。」

（6）琪琪看到一個女人，身上穿戴都是豹紋花樣，

她想：「現在一定是流行豹紋。」

（7）琪琪看到一部公車上，畫了大小圓點圖，

　　　她想：「現在一定是流行圓點。」

（8）琪琪在帽子上縫了彩色的花、塗了黑白格子和豹

　　　紋，還黏上甜甜圈，並勾上三個氣球。

（9）新帽子變得又皺又重，一點都不好看。

（10）琪琪拆掉了帽子上的所有裝飾，帽子變舊了，但

　　　是戴起來很舒服。

想像力手記

　　一味的盲從流行，可能導致手足無措的結
果，適合別人的，不一定適合自己，在嘗試
之後，也要問自己到底喜不喜歡，如果不喜
歡，即便再流行，也不需要跟隨流行。

說故事時間

請孩子發表他的模擬創作。

發表完畢後,由老師對孩子提出以下問題,讓孩子自由回答,避免評論。

◆問題1:我喜歡流行的事物,為什麼?

◆問題2:我不喜歡流行的事物,為什麼?

 思 考 時 間

由個人或小組分別進行討論,將結果記錄下來。

★思考1:現在流行什麼?

★思考2:為什麼會形成流行?

★思考3:你可以創造流行嗎?請舉例說明。

【發表時間】利用當場發表、自由發表、想像力開發教室公布欄等發表方式,讓孩子自然的表達自己的想法或創意。

將主題概念延伸之後的可能性是什麼？有興趣的孩子可以繼續想想看。

森林裡的小河

（1）森林裡有一條小河穿過，河水流動的速度非常慢，而且流經所有動物的家，所以小動物們都藉著小河運送東西。

（2）小河裡常常漂流著一些東西，有狐狸奶奶剛烤好的餅乾，要送給住在楓樹洞的孫女；有松鼠叔叔收集的乾果，要送給住在松樹頂的朋友。

（3）小紅兔剛剛搬到河岸邊的新家，他寫了很多張紙條，把它們摺成小紙船，將它們輕輕送進小河，希望它們慢慢漂浮，讓好朋友們可以從容收到。

（4）住在下游的土撥鼠、貓頭鷹、青蛙看到小紙船，將它攤開，小紅兔在紙條上說：「我喜歡岸邊的家，

以後可以常給你們寫信，而且你們還會吃到我新發明的紅蘿蔔果凍。」

（5）可是住在上游的好朋友小綠兔，一直沒有收到小紅兔的問候，它們都流進了大海。

（6）整個春天，小紅兔和小綠兔失去彼此的訊息，他們不知道該怎麼辦？

（7）小紅兔想：「小綠兔不知道有沒有收到我的信？」

小綠兔想：「我來摺小紙船寄給小紅兔吧！」

（8）有一天，小綠兔摺了小紙船要寄給小紅兔，卻下起了大雨，河水高漲，那天，河流的流速太快，住在下游的小動物都沒有接到包裹，只好沮喪的回家。

（9）之後，小河愈流愈快，和森林裡的優閒氣氛互不相搭，大家也不再用河流寄東西了。現在森林裡的動物們流行親自拜訪鄰居，大家不但更常見面，而且感情也更好了。

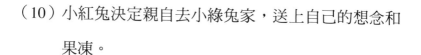
（10）小紅兔決定親自去小綠兔家，送上自己的想念和
　　　果凍。

想像力手記

流行的觀念就像一條小河，當大家的生活配
合流速時，算是跟上流行，無法配合時，可
能就落伍了。然而流行的事物造就了一時的
方便，但是慢慢的，這種方便也可能會出現
不便，或者在特殊情況下造成更大的不便，
像是網路流行的方便，造成人際關係的不
便；捷運地下化，造成地上道路認知的不
便，有時候，回歸原始的復古風，也能帶動
一時的流行。

LUCY

教室環境設定

大家都不說流行語、不畫流行偶像商品，只說自己心裡的話、畫出自己創造的造形，
設有「想像力開發教室公布欄」，提供孩子自由發表的空間。

第三堂課

黑貓音樂盒──上緊發條的思念

跟著黑貓轉圈圈

　　想念一個人的時候，我會給黑貓音樂盒上緊發條，跟著黑貓不停的轉圈圈。

　　黑貓到了花園，我問盛開的花：「那朵花是你嗎？」花沒有回答，只是默默笑著。

　　黑貓到了街上，我在遊行的隊伍裡找你，每個人都用同一種表情看我，好像在說：「這裡沒有你想念的人。」

　　黑貓經過商店的櫥窗，裡面的紅色電話響了，是你打電話來，想告訴我說：「你也在想我嗎？」

　　黑貓到了廣場，噴泉旁的鴿子張開翅膀等著我，他說：「要不要現在就跟我一起飛，飛到想念的人身

邊？」

　　黑貓坐在露天咖啡座，我看到了熟悉的背影，侍者拿起紅色餐巾，在我眼前晃了幾下，就把你變不見了。

　　黑貓走進窄小的巷子，我感覺前進變成困難的事，因為想念與我同行，它們擠滿了僅有的空間。

　　黑貓離開街區，爬上有白房子的山丘，我向下看，每一條伸向遠方的路，終點都不是想念的人。

　　黑貓的舞步愈來愈慢，我的心慢慢平靜，坐在黑貓腳下，我知道你和我擁有同一個天空，我們在相同的天空下想念彼此。

　　黑貓停下來了，我在黑貓的影子裡看到自己，我對自己說：「不要離我太遠，讓我每天都能想你，每天都能找到你。」

想像力手記

你想念過什麼嗎？可能是一朵花、一隻狗、一個人，你想念他們的時候，同時也想著自己看到花時的驚喜、自己和狗追逐著玩的興奮，自己在那個人面前的美麗笑容，於是你終於了解，當你想念一個人的時候，也在想念自己的驚喜、興奮和笑容。

當你想念一個人的時候，其實也在想念自己。

操作方法1

　　你想念誰？想念的時候出現什麼畫面，請孩子讀完例句，依照句型造句，輪流說出來。

　　例句：

（1）我想念表弟，想念我們一起跳沙發。

（2）我想念叔叔，想念我們一起釣魚。

（3）我想念媽媽，想念我們一起幫娃娃做衣服。

（4）我想念妹妹，想念我們一起玩扮家家酒。

（5）我想念爺爺，想念我們一起在公園散步。

（6）我想念小狗，想念我們一起在草地上奔跑。

（7）我想念哥哥，想念我們一起在海底看熱帶魚。

（8）我想念夏令營的朋友，想念我們一起露營。

（9）我想念外婆，想念我們一起做果醬。

（10）我想念爸爸，想念我們一起打棒球。

想像力手記

想念一段時光或一段經歷，那個畫面裡除了想念的人之外，還有你自己，如果你很久沒有想念一個人了，表示你很久沒有想念自己。

操作方法2

　　想像一下，想念一個人或事物的時候，可以如何用行動表達？如果是在圖畫書裡發生，會是怎樣的情景？

　　例句：

（1）兔子想念住在山下的好朋友，一早就下山去找他。

（2）小熊想念春天，他在院子裡埋了無數花的種子，等待春天來訪。

（3）小鳥想念他小時候的家，他在樹上蓋了一間一模一樣的房子。

（4）小鱷魚想念媽媽，他游過了整條河去找媽媽。

（5）小青蛙想念小鴨子，他在荷葉上呱呱唱歌，希望小鴨子聽到。

（6）小松鼠想念生病的爺爺，採了新鮮野莓去看爺爺。

（7）烏鴉想念孩子，飛過一個一個山頭，不斷的呼喚。

（8）狐狸想念同學，開學那天，他最早到教室。

（9）貓頭鷹想念月亮，他忍著不打瞌睡，想見月亮剛醒來的樣子。

（10）猴子想念森林，連夜逃離馬戲團，回到森林的家。

想像力手記

想念不只是想念，它能刺激我們想辦法抒發情緒，甚至產生改變現狀的動力，因為想念使我們更專注的思考，更認真的面對，進而爆發前所未有的創造力。

 主題模擬

請每個孩子模擬出一個有想像力的故事或畫面。

想念的時候

（1）小熊在城市找到新工作，他很不習慣一個人的生活，小熊很想念家人和森林的朋友。

（2）小熊想念媽媽的時候，他戴上媽媽織的手套，溫暖的抱著自己。

（3）小熊想念爸爸的時候，他會學爸爸坐在陽台上，安靜的看書。

（4）小熊想念兔子的時候，他走進公園，在樹林間尋找朋友的足跡。

（5）小熊想念小花的時候，他會在花店裡，問候每一朵似曾相識的臉。

（6）小熊想念溪流的時候，他站在噴泉前，閉上眼睛感受自然的清涼。

（7）小熊想念大樹的時候，他會抬起頭，想像陽光透過葉縫，將金沙灑在他的臉上。

（8）小熊想念蝴蝶的時候，他會在人群裡追蹤彩色的影像，直到它們又消失。

（9）小熊想念小鳥的時候，他就一邊走路，一邊吹著輕快的口哨。

（10）小熊想念自己的時候，從遙遠的森林吹來了一陣風，好像是家人和朋友在對他說：「我們也在想你。」小熊覺得一個人住在城市，並不寂寞。

想像力手記

原來想念的心思和行為，也能幫助離家的人，度過剛開始的不適應，透過想念得到安慰，讓自己重拾熟悉的味道、身影、色彩、聲音，即使想念的人不在身邊，也能藉由專注的想念消解寂寞。

說故事時間

請孩子發表他的模擬創作。

發表完畢後，由老師對孩子提出以下問題，讓孩子自由回答，避免評論。

◆問題1：你想念過誰？為什麼？

◆問題2：有誰會想念你呢？為什麼？

由個人或小組分別進行討論，將結果記錄下來。

★思考1：想念一個人的時候，怎麼辦？

★思考2：想念一個人的時候，可以如何表達？

★思考3：想念一個人的時候，你會說出來嗎？

【發表時間】利用當場發表、自由發表、想像力開發教室公布欄等發表方式，讓孩子自然的表達自己的想法或創意。

將主題概念延伸之後的可能性是什麼？有興趣的孩子可以繼續想想看。

黃色蝴蝶結

（1）小兔子好想好想奶奶，他在日記本的封面上，畫上了一個黃色蝴蝶結。

（2）小兔子好想好想奶奶，他在早餐的吐司上，用奶油塗了一個黃色蝴蝶結。

（3）小兔子好想好想奶奶，他在院子的花壇裡，用小黃花綁了一個蝴蝶結。

（4）小兔子好想好想奶奶，他出門工作時，用圍巾在脖子上，打了一個黃色蝴蝶結。

（5）小兔子好想好想奶奶，他在通往蘿蔔田的小徑上，用黃色漿果紮了一個黃色蝴蝶結。

（6）小兔子好想好想奶奶，他在蘿蔔田裡，用黃色蘿蔔堆成像蝴蝶結的小山。

（7）小兔子好想好想奶奶，他打開午餐盒，裡面有一個用碎蛋做成的黃色蝴蝶結。

（8）小兔子好想好想奶奶，回家的路上，他在森林裡最大的一棵樹上，繫上了一個黃色蝴蝶結。

（9）小兔子好想好想奶奶，他爬上了最高的山丘向下看，大大小小的黃色蝴蝶結映入眼簾，好像奶奶的黃色蝴蝶結圍裙，而他就躺在奶奶的懷抱裡。

（10）小兔子回到家，他穿上圍裙，為自己做晚餐，他
　　　覺得奶奶在他的心裡，像黃色蝴蝶般翩翩飛舞
　　　著。

想像力手記

小兔子太想奶奶了，他必須表達出來，否則
滿滿的思念將占據他所有思緒，無法專心做
任何事，但是他在表達的同時，也無形中照
顧了自己，他寫日記、吃早餐、種花、工
作、運動、做晚餐，對小兔子來說，想念奶
奶變成了一種專注的、疼惜自己的行為。

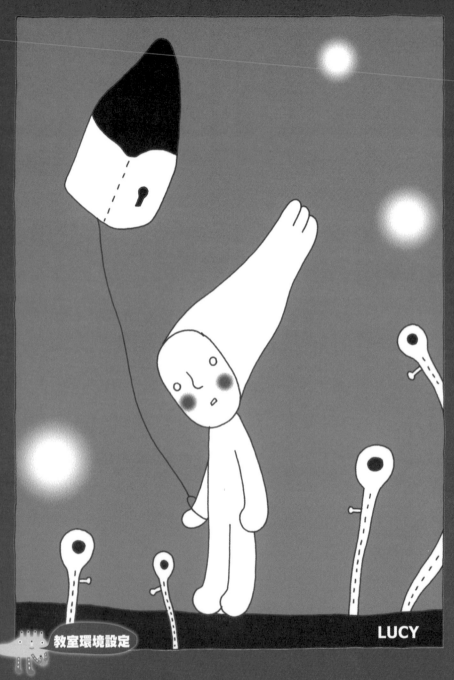

教室環境設定

LUCY

大家都不說流行語、不畫流行偶像商品，只說自己心裡的話、畫出自己創造的造形，
設有「想像力開發教室公布欄」，提供孩子自由發表的空間。

第四堂課

一把鑰匙──尋找答案的問題

主題發想

打開罐頭

（1）打開童年的罐頭，小熊沉默不語，只是神祕的看著
　　　我。

（2）打開家園的罐頭，綠草地上的小房子，仍舊頂著鮮
　　　紅的屋頂。

（3）打開夢境的罐頭，那隻輕煙般的大象，正在尋找現
　　　實裡的天堂。

（4）打開眼淚的罐頭，藍色的海面上，浮出一艘純潔的
　　　船。

（5）打開愛情的罐頭，死去的花朵綻放出新生的顏色。

（6）打開時間的罐頭，過去和未來的空氣，在這一刻相
　　　遇。

（7）打開希望的罐頭，甜蜜的糖球滾來滾去，我的心跳愈來愈快。

（8）打開想像力的罐頭，熱情的我睜大眼睛，告別沉悶的世界。

（9）打開夢想的罐頭，未來的我展開雙翅，飛向無限的天空。

（10）打開記憶的罐頭，記憶裡的我還在呼吸，還在繼續打開罐頭。

想像力手記

打開罐頭，就像打開一個問題，裡面盛裝著有時效的答案，因為答案隨著問題發生的情況而有所改變，所以同樣的問題，在不同時間、環境、地點提出，將會得到不同的答案。

操作方法1

如果今天有人在街上撿到一把鑰匙，他會希望打開什麼呢？請按下列句型，讓孩子輪流說出來。

例句：

（1）我撿到一把鑰匙，希望能打開未來的祕密。

（2）大象撿到一把鑰匙，希望能打開自然草原的大門。

（3）貓頭鷹撿到一把鑰匙，希望能打開自己的記憶。

（4）小兔子撿到一把鑰匙，希望能打開通往蘿蔔園的柵門。

（5）恐龍撿到一把鑰匙，希望能打開遠古科學的寶藏。

（6）爺爺撿到一把鑰匙，希望能打開奶奶的舊衣櫥。

（7）老虎撿到一把鑰匙，希望能打開鐵籠子。

（8）土撥鼠撿到一把鑰匙，希望能打開媽媽的音樂盒。

（9）畫家撿到一把鑰匙，希望能打開畫裡的房子。

（10）門撿到一把鑰匙，希望能打開自己。

想像力手記

鑰匙代表答案，鎖頭代表問題，答案就是可以解開謎題的關鍵，然而在大部分時間裡，鑰匙和鎖頭是分開的，因此我們多在答案與問題間來回穿梭，因為一個問題可能有多種答案，就像科學問題；一個答案也可能來自多數的問題，就像數學問題。

操作方法2

如何從結果找出可能原因，可以用觀察與推理進行，請孩子發揮想像力，按以下例句句型造句，並輪流說出來。

例句：

（1）妹妹哭了，因為弟弟搶走她的娃娃。

（2）哥哥好高興，因為今天贏了球賽。

（3）花園裡開滿了花，因為春天來了。

（4）小狗發瘋似的跑來跑去，因為得到新玩具。

（5）今天媽媽做的晚餐特別豐盛，因為她心情很好。

（6）快下雨了，因為天上布滿了烏雲。

（7）我今天胃口非常好，因為跑了兩圈操場。

（8）爸爸今天不回家，因為到新加坡出差了。

（9）姊姊很生氣，因為和同學吵架了。

（10）書房裡的書掉了滿地，因為剛剛地震了。

想像力手記

同樣的結果也會來自不同原因，孩子也可以試著說出兩種原因，藉此加強對環境事物的觀察力和思考力，也能加強孩子的理解力和同理心。

主題模擬

請每個孩子模擬出一個有想像力的故事或畫面。

一個人如果忘了鑰匙，他可能回不了家，也可能重新找回自己和家的關聯，請孩子讀完以下故事，造出10個句子，寫出自己的故事，如果把它們畫出來，就是一本圖畫書。

羊先生

（1）羊先生今天忘了帶鑰匙，他在家門外徘徊許久，竟慢慢的忘了自己和家的關係，他想：「既然可以不回家，趁這個時候，去流浪也不錯。」。

（2）圖書館的兔子小姐看到羊先生，她說：「你好！羊先生，你借的兩本書，明天就到期了。」羊先生想：「現在還不能去流浪，要先還書。」

（3）鄰居的狐狸奶奶看到羊先生，她說：「你好！小羊，你該給陽台的小花澆水了！」羊先生想：「現

在還不能去流浪，要先給小花澆水。」

（4）松鼠小弟看到羊先生，他說：「你好！羊先生，我的球掉到你家院子了，你可以幫我撿嗎？」羊先生想：「現在還不能去流浪，得先幫忙撿球。」

（5）水電行的山羊先生看到羊先生，他說：「抱歉！明天才有空幫你修水管，我先去忙了。」羊先生想：「現在還不能去流浪，要先把水管修好，否則家裡淹水怎麼辦？」

（6）花貓太太看到羊先生，她說：「我烤了派給你，放烤箱熱10分鐘就好了。」羊先生想：「現在還不能去流浪，我得先把派放進烤箱。」

（7）天漸漸黑了，羊先生坐在門外的椅子上繼續想著流浪的事。野狼先生看到羊先生，他說：「你好！羊先生，你在乘涼嗎？我可不可以也坐下來，跟你說說最近的煩惱？」羊先生想：「現在還不能去流浪，得先聽完他的煩惱。」

（8）野狼離開後，隔壁的狗小姐從窗子探出頭來，她

說：「羊先生，你是不是又忘了帶鑰匙？」羊先生

想：「現在還不能去流浪，得先把鑰匙放在包包裡。」

（9）羊太太回來了，她親了一下羊先生說：「你怎麼不

進門，特地在門口等我嗎？今天是我們的紀念日，

我準備了大餐。」羊先生想到他有一個可愛的太

太，要流浪也該帶著她一起去。

（10）羊先生進了家門，先撿了球、澆了花、把書找出

來、檢查浴室水管、把派放進烤箱裡，羊先生很

小心的將鑰匙放進公事包，他想：「現在還不能

去流浪，這個家需要我。」

想像力手記

羊先生因為忘了鑰匙，而忘了自己和家的關

係，周圍鄰居朋友的招呼和關注，把他和家

的關係一一連結起來，羊先生想去流浪的心

只進行了一下子，因為他發現有太多的牽

絆，讓他還不能出發。

說故事時間

請孩子發表他的模擬創作。

發表完畢後,由老師對孩子提出以下問題,讓孩子自由回答,避免評論。

◆問題1:如果你忘了帶鑰匙,該怎麼辦?

◆問題2:假設你想離家出走,你最不放心哪些事情?

由個人或小組分別進行討論,將結果記錄下來。

★思考1:問題和答案的關係是什麼?

★思考2:每個問題都有答案嗎?

★思考3:對你來說,有什麼問題是無解的?

【發表時間】利用當場發表、自由發表、想像力開發教室公布欄等發表方式,讓孩子自然的表達自己的想法或創意。

　　將主題概念延伸之後的可能性是什麼？有興趣的孩子可以繼續想想看。

黑貓的自言自語

　　公園裡有一張灰色的椅子，黑貓坐在椅子上自言自語，有時候他會聽到回答的聲音，從椅子的另一端傳過來，有時候回答在傳到耳邊之前就消失了。那些回答也許並不是黑貓要的答案，還好黑貓所提出的問題也並不是那麼重要。

　　以下每個問答可以任意交錯進行，也可以找出正確的配對。

問題：

（1）黑貓說：「這個都市的人們，都忘了把他們的心掉在哪裡了，也許該問問車站管理員。」

（2）黑貓說：「我的春天在哪裡？自從我的暗戀者結束了跟蹤我的行動，我回頭也看不到春天了。」

（3）黑貓說：「還要再等多久？還要再等多久？還要再等多久？」

（4）黑貓說：「我不能再忍耐了，如果無聊到得在公園椅坐上整天，我至少應該擺一個好看一點的姿勢。這樣好嗎？」

（5）黑貓說：「我的世界籠罩著謊言的白霧，我也看不清自己了，最後我也會隨著白霧飄散。」

（6）黑貓說：「不要再跟我說話了，我要安靜的想一想，如何傾聽別人的心事。」

答案：

（A）鳥答：「你知道嗎？說出心事不是為了給別人知道，而是為了讓自己聽到。」

（B）落葉答：「再飛過兩個城市就到春天了，我想春天在我前面，不在我後面。」

（C）機器人答：「我在車站的失物招領處，並沒有看到任何遺失的心，只有遺失的玩具。」

（D）融化的影子答：「你是說我的姿勢嗎？我從來不在乎我的姿勢怎樣，我只在乎我的眼睛看到了什麼。」

（E）狗答：「這是我聽過最大的謊言，你明明是一隻黑貓，我可是看得一清二楚。」

（F）蜘蛛答：「再等一下，就快好了，我要用蜘蛛絲織出一隻和公園椅上的黑貓雕像一模一樣的黑貓。」

　　黑貓不說話了，公園裡像往常一樣安靜，所有的問答隨著落葉飛走，或許他們會一起在春天降落。

正確解答：

（1）C；（2）B；（3）F；（4）D；（5）E；（6）A

 想像力手記

有時候，當我們發問時，能不能得到答案並不是那麼重要，也許我們只想弄清問題，或者因為別人的答案無關緊要，或者因為別人的答案太多選擇，或者因為在發問的同時，自己已經有了答案，無論如何，公園裡的對話就像許多公共場合一樣，快速輪轉的呼吸和噪音，瞬間就能淹沒它們。

教室環境設定

LUCY

大家都不說流行語、不畫流行偶像商品，只說自己心裡的話、畫出自己創造的造形，
設有「想像力開發教室公布欄」，提供孩子自由發表的空間。

第五堂課

我遇見了雪人
──融化於無形的約定

雪人的心融化了

（1）立立和可可在家門口堆了一個雪人，整個冬天，他們都陪雪人玩。

（2）立立和可可幫雪人穿上奶奶的舊衣服，看起來乾淨而整齊，可可對雪人說：「開學後，你要和我們一起去上學。」

雪人的心融化了一點點。

（3）立立和可可陪雪人玩跳格子，雪人不會跳，立立對雪人說：「如果將來我有力氣，就可以背著你跳格子。」

雪人的心融化了一點點。

（4）立立和可可陪雪人玩丟球，雪人只會接球，不會丟球，可可對雪人說：「表哥最會丟球，我會請他教你。」

雪人的心融化了一點點。

（5）立立和可可陪雪人玩剪紙，他們把彩色剪紙貼在雪人的臉上，立立對雪人說：「你的臉上有花，等春天來時，我們要帶你去看很多花。」

雪人的心融化了一點點。

（6）立立和可可陪雪人玩打雪仗，可可對雪人說：「你身上有最大的雪球，來打我們吧！」

雪人的心融化了一點點。

（7）立立和可可陪雪人玩做點心，他們用雪做成了小蛋糕，給雪人吃，立立對雪人說：「等你生日，我們會給你烤一個大蛋糕。」

雪人的心融化了一點點。

（8）立立和可可陪雪人玩扮家家酒，他們在雪人頭上戴了花圈，可可對雪人說：「等你長大，可以和我結

婚。」

雪人的心融化了一點點。

（9）立立和可可陪雪人玩堆積木，他們對雪人說：「等雪融時，我們要在草地上蓋個大房子，這樣你就不用站在外面了。」

雪人的心融化了一點點。

（10）春天來了，林間開滿了小花，立立和可可開學了，他們手拉著手去上學，學校裡有好多玩伴，他們很快的忘了冬天的朋友，雪人融化了，所有的約定也融化了。

想像力手記

孩子很容易天真的許下承諾，然後又天真的忘了，尤其是對雪人的約定，可能更容易忘記，而雪人的心一點一點的融化，一方面是因為天真的相信而感動，一方面是因為自己命運的無奈。

操作方法1

　　什麼是約定，日常生活中你和別人做過任何約定嗎？請按以下例句句型造句，請孩子輪流說出來。

　　例句：

（1）我和同學約好星期六去看電影。

（2）我和媽媽約好下次考試要進步。

（3）我和妹妹約好下午一起做蛋糕。

（4）我和爸爸約好下課幫他洗車。

（5）我和自己約好不能再亂發脾氣。

（6）我和小狗約好每天到公園散步。

（7）我和爺爺約好要教他如何上網。

（8）我和哥哥約好輪流打掃房間。

（9）我和好朋友約好永遠不能忘記對方。

（10）我和姊姊約好長大後要一起環遊世界。

想像力手記

「約定」的內容有大事、有小事，「約定」的意義有具體的、有抽象的，「約定」的時間有一次性的，有常態性的，「約定」等於是人際關係的行事曆，如何在約定後，信守約定內容，「約定」才產生意義。

操作方法2

你有爽約的經驗嗎？為什麼？讀完以下例句，請依照句型造句，輪流說出來。

例句：

（1）我爽了和同學打球的約，因為我不想在雨天出門。

（2）我爽了復習功課的約，因為我不小心睡著了。

（3）我爽了去奶奶家的約，因為臨時要去學校樂隊練習。

（4）我爽了和媽媽逛街的約，因為路上碰到了多年不見

的朋友。

（5）我爽了和鄰居去唱片行的約，因為媽媽要我幫忙做
　　家事。

（6）我爽了和朋友去看畫展的約，因為我想去看電腦
　　展。

（7）我爽了和家人聚餐的約，因為身體不舒服。

（8）我爽了打電話給爸爸的約，因為手機沒電了。

（9）我爽了準時回家的約，因為路上大塞車。

（10）我爽了和同學一起減重的約，因為美食太誘惑人
　　　了。

想像力手記

爽約有很多原因，而且多是約定時沒有想到
的狀況，習慣爽約的人，可能是對自己的狀
況掌握不佳，也可能是習慣輕易約定卻分身
乏術。

請每個孩子模擬出一個有想像力的故事或畫面。

雪人，你叫什麼名字？

（1）雪下得好大，到處都積滿了雪，森林裡的小動物
　　們，很期待今年可以堆一個好大的雪人。

（2）今天雪停了，所有的小動物們都出來堆雪人，他們
　　堆了一個好大的雪人，比松樹還高，然後小動物們
　　把自己的東西放在雪人身上，還幫它取名字。

（3）雪人的身上有兔子羅比的背心，羅比對雪人說：
　　「你就是羅比。」

（4）雪人的手上有松鼠吉吉的手套，吉吉對雪人說：
　　「你就是吉吉。」

（5）雪人的腳下有山豬刺刺的雨鞋，刺刺對雪人說：
　　「你就是刺刺。」

（6）雪人的脖子上有小熊貝貝的圍巾，貝貝對雪人說：

「你就是貝貝。」

（7）雪人的頭上有長頸鹿花花的帽子，花花對雪人說：

「你就是花花。」

（8）雪人的臉上有貓頭鷹亞亞，放上去的枯樹枝做成的

眼睛、鼻子和嘴巴，亞亞說：「你長得和我很像，

你是亞亞。」

（9）天黑了，小動物們都回家了，留下雪人孤零零的站

在樹林間。

雪人問自己：「你叫什麼名字？」雪人答不出來。

（10）一顆雪球從樹梢滾了下來，打到了雪人，滾入了

他的心窩裡，雪人感到一股振動從心底傳來，雪

人笑著說：「我叫雪球。」

想像力手記

每隻小動物都把象徵自己的東西給了雪人，所以幫雪人取了自己的名字，但是對雪人來說，那些只是外號而已，雪人必須要有自己的名字，那是雪人的心告訴他的聲音。

說故事時間

請孩子發表他的模擬創作，發表完畢後，由老師對孩子提出以下問題，讓孩子自由回答，避免評論。

◆問題1：你是否曾經後悔答應別人的事？什麼事？

◆問題2：你曾經刻意爽約嗎？請舉例說明。

 思考時間

由個人或小組分別進行討論，將結果記錄下來。

★思考1：你有幫同學取外號嗎？

★思考2：如果同學不喜歡你取的外號，你會停止那樣叫

他嗎？

★思考3：如果有人用不喜歡的外號叫你，你怎麼辦？

【發表時間】利用當場發表、自由發表、想像力開發教室公布欄等發表方式，讓孩子自然的表達自己的想法或創意。

將主題概念延伸之後的可能性是什麼？有興趣的孩子可以繼續想想看。

尿床小天使

（1）企鵝嘟嘟早晨醒來時，發現床上溼溼的，嘟嘟想：「會不會是尿床了？」嘟嘟不好意思的臉紅了。

（2）晚上嘟嘟改睡沙發，因為他不想再把床單弄溼。

（3）可是第二天沙發沒溼，床單還是溼了。

（4）嘟嘟懷疑，有個愛尿床的小鬼偷睡他的床，嘟嘟下定決心，要逮到小鬼。

於是他整夜沒睡，躲在床邊，等小鬼上門。

（5）深夜來臨，溫度愈來愈低，嘟嘟冷得快凍僵了。忽
　　然他看到了千百個穿著白衣的小鬼，不，應該說是
　　小天使，從天花板上飛下來。

（6）小天使們非常輕巧的飛舞著，好像合唱著一首聽不
　　見的歌。

（7）小天使們飛過了嘟嘟的玩具，飛過了他最愛的圖畫
　　書，飛過了奶奶的照片，他們點亮了房間的每個角
　　落。

（8）嘟嘟追著小天使們跑，身體慢慢暖和了，他想再多
　　玩一會兒。

（9）可是當小天使們落到床上時，他們就瞬間消失了，
　　只留下深藍色的印子。

（10）嘟嘟看得傻眼了，有些感動，有點哀傷。
　　　嘟嘟早就忘了，床單溼了或是屋頂漏水的小事，
　　　但是嘟嘟永遠忘不了，那些白色小天使，在房間
　　　裡無憂無慮的飛舞著短暫的生命。

想像力手記

我們會因為一個美麗的畫面、一段悠揚的音樂、一種感動的心跳，留住值得記憶的片刻，這些美感經驗，為我們的生活提升了精神、豐富了內容、強化了價值。

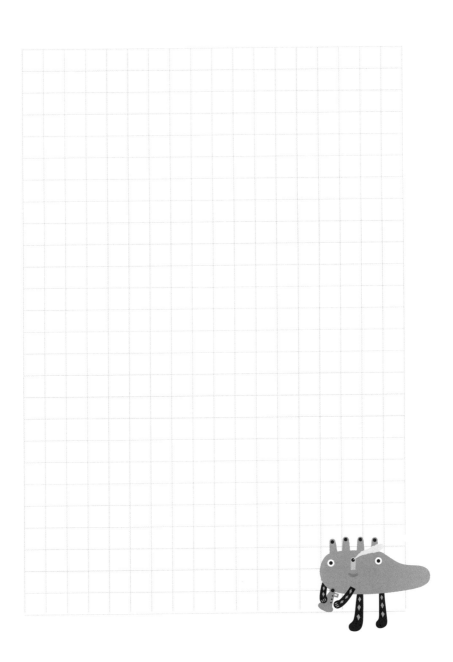

LUCY

教室環境設定

大家都不說流行語、不畫流行偶像商品，只說自己心裡的話、畫出自己創造的造形，
設有「想像力開發教室公布欄」，提供孩子自由發表的空間。

第六堂課

我的新鄰居──隔壁上演的故事

主題發想

卡-卡-卡

（1）早上小紅鳥出門散步的時候，看到草地上有一灘灘
的鮮紅色的血，而且還有看起來像是眼珠子的黑色
圓球滾來滾去。

（2）小紅鳥想：「該不會是同伴們被新搬來的鄰居吃掉
了？我得快警告其他人。」小紅鳥很害怕，想展翅
逃離卻飛不起來。

（3）「卡-卡-卡，卡-卡-卡」，小紅鳥聽到了一個奇怪
的聲音，她好不容易挪開腳步，往草叢深處走，竟
看到更多血和眼珠，她嚇得驚聲尖叫。

（4）「卡-卡-卡，卡-卡-卡」，小紅鳥不禁發起抖來，
這個時候，新鄰居回頭看了她一眼，他的大牙上面

沾滿了鮮血，可怕極了。

（5）原來是新鄰居鱷魚先生正在吃漿果，他的牙齒用力咬著脆脆的果子，發出了奇怪的聲音，令小紅鳥害怕的紅色鮮血其實是果汁，黑色的眼珠子其實是果核。

（6）經歷剛才的驚嚇，小紅鳥也覺得口渴了，她慢慢靠近鱷魚，有點不好意思的問：「請問紅漿果好吃嗎？」

「卡-卡-卡，卡-卡-卡」，鱷魚只顧著吃漿果，沒有回答。

（7）看鱷魚先生吃得那麼起勁，漿果一定又甜又好吃，於是小紅鳥也吃了一個紅漿果。

（8）其實紅漿果酸得不得了，鱷魚先生拚命吃漿果，是想讓果核重回到泥土裡，這樣明年才會長出甜漿果。

（9）果然，第二年春天，森林裡的動物們都吃到了甜漿果，大家也都記得謝謝鱷魚先生。

（10）可是小紅鳥永遠忘不了，鱷魚先生吃漿果時發出
的聲音，那是讓人牙齒發痠的聲音，卻為大家帶
來甜蜜的回音。

想像力手記

新搬來的鄰居，總是讓人產生好奇，有時
候，也會因為陌生而造成誤會，小紅鳥雖然
懷疑鱷魚先生，卻能勇敢的查證她的推理，
結果才知道原來新鄰居是很熱心善良的。

操作方法1

你有過新鄰居嗎？你觀察過他們嗎？如果沒有，也
可以用想像的，說出他們每天有什麼特別的行為。請孩
子按照例句輪流說出來。

例句：

（1）我的新鄰居是一個蛋糕師傅，每天都在烤蛋糕。

（2）我的新鄰居是一個有三個小孩的媽媽，每天都在罵
小孩。

（3）我的新鄰居是一個歌手，每天都在陽台練唱。

（4）我的新鄰居是一個作家，每天都不見他出門。

（5）我的新鄰居是一隻蟑螂，每天半夜才爬出來吃東
西。

（6）我的新鄰居是一個吉他手，每天都在彈吉他。

（7）我的新鄰居是一隻大象，每天走路都像發生地震一
樣。

（8）我的新鄰居是一個畫家，每天都在他的牆上畫圖。

（9）我的新鄰居是一隻壁虎，每天都在量樓梯間有多
大。

（10）我的新鄰居是一個有錢人，每天都在逛百貨公
司。

想像力手記

新鄰居同時代表著不同生活習性的人，有人說話大嗓門，有人是夜貓族，有人是足不出戶，有人是常常呼朋引伴，了解鄰居的特性，互相體諒，守望相助，才能形成良好的居住環境。

操作方法2

你想搬家當別人的新鄰居嗎？你想搬去哪裡，當誰的鄰居呢？請孩子發揮想像力，再按照例句句型輪流說出來。

例句：

（1）我想搬到樹上，當小鳥的鄰居。

（2）我想搬到圖書館，當百科全書的鄰居。

（3）我想搬到玩具店，當變形金剛的鄰居。

（4）我想搬到海邊，當熱帶魚的鄰居。

（5）我想搬到台南，當表哥的鄰居。

（6）我想搬到北極，當北極熊的鄰居。

（7）我想搬到外太空，當外星人的鄰居。

（8）我想搬到山上，當大樹的鄰居。

（9）我想搬到同學家隔壁，當同學的鄰居。

（10）我想搬到澳洲，當奶奶的鄰居。

想像力手記

我們都希望和喜歡的人當鄰居，因此自己也要成為受歡迎的鄰居。

你可能因為搬家，成為別人的新鄰居，除了入境隨俗，還要展現友善態度，最重要的是尊重別人，才能獲得應有的尊重。

請每個孩子模擬出一個有想像力的故事或畫面。

孩子可以模擬以下故事，造出10個句子，說出自己的故事，如果畫出來，就是一本圖畫書。

恐龍搬新家

（1）恐龍先生很喜歡搬新家，他搬到麵包店隔壁，一口氣就把剛出爐的麵包吃掉了，其他人都買不到麵包。

（2）恐龍先生搬到幼稚園樓上，他睡午覺的打呼聲太大了，把孩子們都嚇哭了。

（3）恐龍先生搬到電影院隔壁，每天都去看電影，一個人就占了一百個位子，讓戲院客滿了，可是收票員只收到一張門票。

（4）恐龍先生搬到了市場隔壁，逛市場時撞壞了很多攤販，害鄰居不能作生意。

（5）恐龍搬到農場隔壁，農場的母雞都嚇得不敢生蛋，乳牛也怕得擠不出牛奶。

（6）恐龍先生搬到自然博物館隔壁，館裡的恐龍化石，想到恐龍先生家喝下午茶，竟舞動全身的白骨走出博物館，街上的人看到都昏倒了。

（7）恐龍先生搬到學校隔壁，他跟著學生一起念課文，聲音太大，整個校園裡都是「轟、轟、轟」的聲音。

（8）恐龍先生搬到大草原隔壁，大草原上的小動物們都不敢出門覓食，肚子餓壞了。

（9）恐龍先生搬到我家隔壁，我們全家都很開心，因為他說媽媽烤焦的蛋糕很好吃，因為他沒事時可以用口水幫忙爸爸洗車，因為他可以陪我玩很多遊戲。

（10）恐龍先生說我們是他遇過最好的鄰居，他希望永遠不必搬家了。

想像力手記

到處受排斥的恐龍先生，最後總算找到可以

接受他的好鄰居，可見人和人相處的好壞關

係，不是絕對的，而是相對的。

說故事時間

請孩子發表他的模擬創作，發表完畢後，由老師對

孩子提出以下問題，讓孩子自由回答，避免評論。

◆問題1：你有最喜歡的鄰居嗎？為什麼？

◆問題2：你有最討厭的鄰居嗎？為什麼？

由個人或小組分別進行討論，將結果記錄下來。

★思考1：想想看，你理想的居家環境要具備哪些條件？

請說出三個要件。

★思考2：如果你鄰居的行為，影響了你的生活品質，怎

麼辦？

★思考3：你自己也曾是惡鄰居嗎？為什麼？

【發表時間】利用當場發表、自由發表、想像力開發教室公布欄等發表方式，讓孩子自然的表達自己的想法或創意。

　　將主題概念延伸之後的可能性是什麼？有興趣的孩子可以繼續想想看。

美味的陷阱

（1）今天，小紅鳥要到朋友阿熊家喝下午茶，她的腳步非常輕快，因為阿熊做的核桃派最好吃了，小紅鳥心裡已經打算好要吃兩塊。

（2）在離阿熊家不遠的路上，小紅鳥發現那裡撒滿了釘子，她懷疑是新搬來的鄰居設下的陷阱，要陷害她的同伴們，不能順利到阿熊家，好獨自吃掉整個

派。

（3）小紅鳥顧不得約定時間快到了，拚命的將釘子都撿
　　起來，可是釘子太多了，怎麼也撿不完。

（4）這個時候，小紅鳥聽到了鋸木頭的聲音，原來是新
　　鄰居鋸子鳥爸爸正在忙著釘嬰兒床。

（5）鋸子鳥爸爸看到小紅鳥非常高興，他說：「謝謝妳
　　幫我把釘子撿起來，是我兒子亂丟的，他吵著要我
　　幫他做玩具，妳看！我正在磨玩具車輪呢！」

（6）小紅鳥不知道還沒孵出來的小鋸子鳥如何搗蛋，也
　　不知道鋸子鳥爸爸如何聽到蛋殼裡的要求。

（7）小紅鳥決定幫忙鄰居遞釘子、磨床腳、為小汽車漆
　　上漂亮的黃色，因為鋸子鳥一定是一個好爸爸。

（8）當小紅鳥突然想到核桃派時，早就已經錯過下午茶
　　時間，而鋸子鳥爸爸也剛好完成了所有工作，他邀
　　請小紅鳥到家裡喝咖啡。

（9）鋸子鳥爸爸說：「早上阿熊先生送了我們一個核桃
　　派，看起來很好吃，請妳和我們一起享用吧！」

（10）鋸子鳥媽媽煮的咖啡，配上核桃派真是美味極了，小紅鳥喝了兩杯咖啡，吃了三塊派，還好蛋殼裡的小鋸子鳥沒有任何意見。

想像力手記

有機會了解鄰居的需求，有機會幫忙鄰居，是敦親睦鄰的好方法，今天你幫了忙，明天也許輪到你需要幫忙。小紅鳥雖然有點多疑和焦慮性格，但是對陌生的鄰居懷有適度的警覺心，才能保有安全的居家環境。

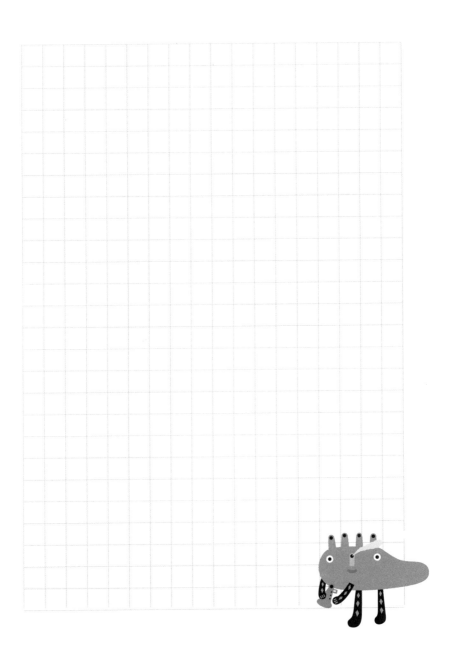

LUCY

大家都不說流行語、不畫流行偶像商品，只說自己心裡的話、畫出自己創造的造形，
設有「想像力開發教室公布欄」，提供孩子自由發表的空間。

第七堂課

寄給自己的禮物
──我的希望在遠方

大樹

（1）山頂上有一棵大樹，小動物們喜歡爬到樹上，眺望
　　　遠方的世界，同時眺望自己的未來。

（2）小熊想當航海家，鱷魚想當建築師，兔子想當畫
　　　家，小豬想當夢想家，松鼠想當哲學家。

（3）今年冬天來得特別早，大樹的葉子差不多掉光了，
　　　動物們有點擔心，大樹可能挨不過這個嚴酷的季
　　　節。

（4）小熊說：「如果大樹死了，我要用它造一艘大船，
　　　帶我一起遊向藍色的大海。」

（5）鱷魚說：「如果大樹死了，我要用它蓋一棟房子，

和我一起度過溫暖的冬天。」

（6）兔子說：「如果大樹死了，我要用它釘一把椅子和
畫架，陪我一起畫出美麗的世界。」

（7）小豬說：「如果大樹死了，我要用它做一張大床，
陪我一起夢見精采的未來。」

（8）松鼠聽完大家說的，有些感傷的說：「如果大樹死
了，我們就不能再像這樣一起看天空了。」

（9）那天晚上，大樹的最後一片葉子飄進了沒有盡頭的
夜空，它想到了藍色的海、溫暖的房子、美麗的
畫、精采的夢和空曠的天，大樹笑了。

（10）春天來了，大樹沒有死，小動物們仍舊嘰哩呱啦
的說著夢想，大樹給他們的禮物是更高的樹梢和
更遠的未來。

想像力手記

每個孩子在說著自己的夢想時，就好像從未來寄出了一個禮物給自己，有時候，這個禮物要等很久很久才寄得到；有時候，當禮物寄到時，你發現已經不適合自己了，也許隨時調整夢想的方向是對的，但是卻又來不及收到成功的包裹，如何堅持自己的想法，貫徹實踐，才是生命的重要課題。

操作方法1

如果你想從未來寄一個禮物給自己，會是什麼呢？這個禮物可以是具體的事物，也可以是抽象的精神，請孩子按照例句句型造句，輪流說出來。

例句：

（1）我希望，從未來寄來的禮物是：一棟可以和家人住在一起的房子。

（2）我希望，從未來寄來的禮物是：一個不要那麼累的媽媽。

（3）我希望，從未來寄來的禮物是：嘗試冒險的勇氣。

（4）我希望，從未來寄來的禮物是：對自己的信心。

（5）我希望，從未來寄來的禮物是：一套畫畫顏料。

（6）我希望，從未來寄來的禮物是：一隻陪我玩的小狗。

（7）我希望，從未來寄來的禮物是：常常在家的爸爸。

（8）我希望，從未來寄來的禮物是：一個乾淨的地球。

（9）我希望，從未來寄來的禮物是：不再生病的弟弟。

（10）我希望，從未來寄來的禮物是：一組棒球用具。

想像力手記

孩子希望得到的禮物有大有小，有些可以實現，有些只能默默等待環境的改變，有些是對事物的許願，有些是對自己的要求，無論如何，這些表達都代表了孩子無限的天真，以及心中的小小期待，從孩子的希望可以看見他的需求與憂慮，也可觀察孩子的特質。

操作方法2

如果你有能力從未來寄禮物給別人，你想寄什麼東西？收件人又是誰？請孩子按照下列例句句型造句，輪流說出來。

例句：

（1）我要寄一個很乖的自己，收件人是媽媽。

（2）我要寄一部新的計程車，收件人是爸爸。

（3）我要寄一台收音機，收件人是爺爺。

（4）我要寄一個溫暖的家，收件人是流浪狗。

（5）我要寄一個菜園，收件人是外婆。

（6）我要寄一張書桌，收件人是妹妹。

（7）我要寄一座森林，收件人是地球。

（8）我要寄一件新外套，收件人是媽媽。

（9）我要寄一個旅遊假期，收件人是爸爸和媽媽。

（10）我要寄一個店面，收件人是擺攤賣蔥餅的老伯
伯。

想像力手記

除了自己的需求，你有想過別人的願望嗎？
其實如果能夠，希望每個人都有心滿意足的
生活，可是往往自己的願望和別人的願望會
有衝突，如何讓孩子知道每個人對事物的不
同思考角度，可以讓這個世界的人們有更多
了解和體諒。

請每個孩子模擬出一個有想像力的故事或畫面。

未來包裹裡到底裝了什麼東西？可能是勇氣，可能是信心，請孩子想一想，會在未來包裹裡裝什麼？讀完以下故事，造出10個句子，如果把它畫下來，就是一本圖畫書了。

未來包裹

（1）烏龜郵差倒著走，走得很快很快，今天他終於把包裹送到了森林，小動物們及時收到未來的禮物，開心極了！

（2）今天突然變冷了，小兔子收到了三年後奶奶寄來的毛衣。

（3）今天要去約會，小狐狸收到了五年後自己寄來的勇氣。

（4）今天要上台表演，小熊收到了一年後自己寄來的鼓

勵。

（5）今天開學了，小鴨子收到兩年後爸爸寄來的新書包。

（6）今天第一次學飛，小鳥收到半年後自己寄來的森林航線圖。

（7）今天下了春天的雨，小松鼠收到兩年後爺爺修好的屋頂。

（8）今天散步時跌倒了，小象寶寶收到了一年後自己寄來的打氣。

（9）今天受委屈哭了，小猴子收到了四年後自己寄來的安慰。

（10）烏龜郵差總算可以休息了，因為最後一個包裹，是十年後的烏龜郵差寄給自己的假期，烏龜一身輕鬆的在森林裡慢慢爬，他想再慢慢的爬向未來收集未來包裹。

想像力手記

從未來寄來的包裹，有來不及織好的毛衣、五年來累積的勇氣、一年後獲得的自信、遲來的開學禮物、半年的飛行經驗、花了兩年才修好的屋頂、長大後的堅強、有智慧的安慰，這些包裹幫助小動物們度過現在的難關，唯有這樣，他們才能順利的走向未來。

說故事時間

　　請孩子發表他的模擬創作，發表完畢後，由老師對孩子提出以下問題，讓孩子自由回答，避免評論。

◆問題1：對你來說，什麼是特別的禮物？

◆問題2：你想現在開始準備未來給自己的禮物嗎？說說
　　　　看如何準備？

思考時間

由個人或小組分別進行討論，將結果記錄下來。

★思考1：你如何挑選送給別人的禮物？

★思考2：如果你不喜歡別人送你的禮物，你會怎麼辦？

★思考3：如果將來你真的有能力寄未來的禮物給別人，你會記得今天的造句嗎？

【發表時間】利用當場發表、自由發表、想像力開發教室公布欄等發表方式，讓孩子自然的表達自己的想法或創意。

　　將主題概念延伸之後的可能性是什麼？有興趣的孩子可以繼續想想看。

和未來相遇

（1）我的未來，送我一個看到世界邊緣的眼睛。

（2）我的未來，送我一支吹出內在熱情的喇叭。

（3）我的未來，送我一朵可以偷偷哭泣的雲。

（4）我的未來，送我一個可以堆積夢想的積木。

（5）我的未來，送我一本畫滿生命地圖的書。

（6）我的未來，送我一雙和流浪狗作伴的腳。

（7）我的未來，送我一隻自在擁抱孤獨的手。

（8）我的未來，送我一個可以靈活變換的夢想。

（9）我的未來，送我一顆隨時記得微笑的心。

（10）我的未來，送我一個彩色的我，因為他是一個彩
　　　色的未來。

想像力手記

從現在走向未來，需要不斷的思考，不斷的實踐，當你遇見未來的自己，你可以請他寄給你現在需要的力量，如果你相信並努力走到未來，未來也會具備那樣的能力。遇見自己的未來是很美好的夢想，孩子如果常在心裡演練，行為也會跟著改變。

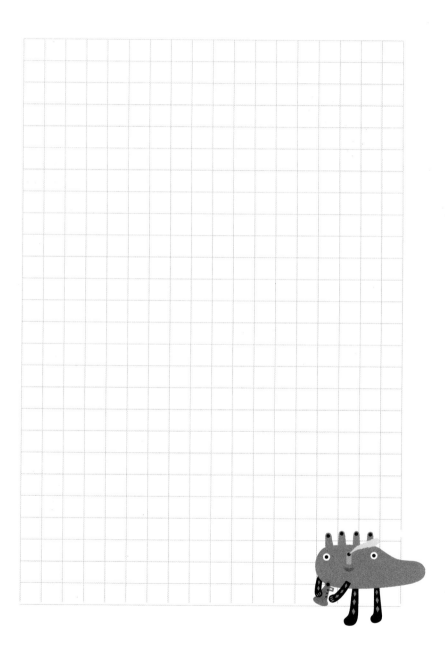

LUCY

教室環境設定

大家都不說流行語、不畫流行偶像商品，只說自己心裡的話、畫出自己創造的造形，
設有「想像力開發教室公布欄」，提供孩子自由發表的空間。

第八堂課

打開一個推理的門
——跟蹤故事的線索

 主題發想

跟蹤

（1）我跟蹤了A，他無所謂的背影，引著我的好奇心，
　　　慢慢前進。

（2）一隻狗對我狂叫，狗聽到了我急速的心跳聲，A無
　　　所謂的走開了。

（3）一棵樹對我睜開所有眼睛，仔細打量，樹看到我興
　　　奮的表情，A無所謂的走開了。

（4）一輛巴士停在我的面前，公車知道我想要到遠方旅
　　　行的夢想，A無所謂的走開了。

（5）一隻玩具熊從地底鑽出來，玩具熊和我天真的笑容
　　　問好，A無所謂的走開了。

（6）一本日記本擋住了我的方向，我在厚重的書頁裡穿來穿去，快要迷路了，A無所謂的走開了。

（7）一隻想像出來的大象和我拔河，我真的拔出了一條河，裡面有兩隻快樂的小魚，A無所謂的走開了。

（8）一條欲望吐司，切出了一封封動人的信，有妒嫉和羨慕和痛苦的味道，A無所謂的走開了。

（9）A愈走愈快，我匆匆跟上了他，A用鑰匙打開一扇門，走進一座房子，我也跟了進去。

（10）A無力的躺在床上，用無所謂的眼神看我。他說：「歡迎你回來，我年輕的靈魂。」我不知道我是不是回來了，但是我知道我還要飛走，去和那隻狂叫的狗相遇。

想像力手記

原來A是一個垂老的人，對一切失去了興趣和關注，也沒有了想像力，A的年輕靈魂仍舊活躍，但是已經不願意再回到A的身上。

操作方法1

　　如何跟蹤線索，走出想像故事的路線，請發揮想像力，按以下例句句型造句，請孩子輪流說出來。

　　例句：

（1）今天房間裡出現一大灘水，我想是鯨魚偷偷來看我。

（2）我的魚形餅乾不見了，我想是被隔壁的貓吃掉了。

（3）今天家裡的家具都消失了，我想是風要搬新家，把家具借走了。

（4）桌上有一整籃蘋果，一定是小熊路過我家時送來的。

（5）房子前的馬路變得好大，可能是有恐龍要搬到社區來了。

（6）我的被子跳起舞來了，一定是夢裡的鳥忘了飛走。

（7）寄物櫃裡有一列小火車，這站叫作「寄物櫃站」。

（8）抽屜裡有封不用寄的信，是主角寫給自己的。

（9）小偷口袋鼓鼓的，可能是偷了很多別人的希望。

（10）森林的樹跌倒了，一定是玩跳繩時不小心。

想像力手記

想像力提供更多變的思考方式，不但在創作上能盡情發揮，也能使生活變得更輕鬆愉快，使生命態度更幽默樂觀。

操作方法2

你有沒有注意到，日常生活裡有什麼線索，能提供你更自在生活的參考？請孩子按例句句型造句，輪流說出來。

例句：

（1）回家時，餐桌上有200元，代表媽媽今天不煮晚餐，要我去買便當。

（2）上課時王同學打瞌睡，代表他昨天又熬夜了，下課

不能找他打球。

（3）爸爸的手機在沙發上，代表爸爸今天休假，我可以拜託他載我去補習。

（4）爺爺的枴杖不在家，代表爺爺到公園下棋了，回來會給我買點心。

（5）家裡門沒關，代表今天家裡請客，有好多人會來。

（6）妹妹的洋娃娃在門口，代表她到隔壁家玩了，我得去找她回來吃飯。

（7）哥哥穿新衣服出門，代表他要去約會了，代表我可以霸占電腦到很晚。

（8）小狗一邊守著牠的碗，一邊看著我，代表牠肚子餓了。

（9）老師發考卷時笑嘻嘻的，代表大家都及格，我也可以放心了。

（10）路邊的紅豆餅攤，只要是老闆娘在，代表我會多吃到一個。

> **想像力手記**
>
> 利用生活裡的各種線索來方便自己的生活，往往會發生在默契良好的關係中，或是生活規律的環境裡，否則就無跡可尋了。

請每個孩子模擬出一個有想像力的故事或畫面。

如何運用同樣的線索說故事？請讀完以下故事，造出10個句子，編出一個自己的故事，把它們畫出來，就是一本圖畫書。

雨天的訪客

（1）午睡醒來，小貓發現地毯上有水漬，像是一朵一朵深粉紅的花，開在粉紅色房間裡。

（2）小貓跟著深粉紅的花，走到窗邊，發現外面下雨

了，一隻透明的貓跳過了馬路，消失在對街麵包店的屋頂上。小貓想：「謝謝你送的花。」

（3）小熊寫好了給奶奶的信，正想出門去寄時，發現玄關地板是溼的，他推開門，屋外下著雨，有一把紅傘消失在樹林間。他又關上門，看到鞋櫃上放了一個剛烤好的草莓塔。

（4）小熊切開草莓塔，配著熱茶，他看著剛才寫的信，上面寫著：「奶奶，我很想您，好想念您做的草莓塔。」

（5）大鳥抖乾身上的雨水，走進房子，他發現沙發是溼的，沙發下有兩個大腳印，空氣裡彌漫著香草的味道。

（6）大鳥探出窗子，想在迷濛的雨絲裡，搜尋好朋友的蹤影，大鳥回過頭在桌上發現一張紙條，內容和他剛剛在好友家留下的紙條一樣：「對不起！把你的沙發弄溼了，下次天雨再來找你。」

（7）雨一直下個不停，小女孩在窗前彈琴，那是夏天的

音樂，小女孩聽到有敲玻璃窗的聲音，她抬起頭看到許多水花在院子裡濺起來。

（8）院子裡形成了大水池，一隻鯨魚在水池裡翻滾，小女孩很開心，今天的琴彈得特別好，小女孩想：「因為鯨魚來看我了。」

（9）雨一直下，許多雨天的訪客形色匆匆，他們想在雨停之前見到想念的人。

（10）因為雨停了，就沒有雨天的訪客了。

想像力手記

雨天，讓人產生浪漫的想像，雨打在路上，像是急急趕路的腳步聲；雨打在門上，像是熱切的敲門聲，雨天的訪客究竟存不存在，我們不知道，但是受訪者都感受到雨天的美好，因為它讓訪客留下造訪的線索，即使沒有當面見到，心已經暖了。

說故事時間

請孩子發表他的模擬創作，發表完畢後，由老師對孩子提出以下問題，讓孩子自由回答，避免評論。

◆問題1：在生活中，你會留下什麼代表你的線索呢？

◆問題2：雨天時，你希望有誰來拜訪你？

由個人或小組分別進行討論，將結果記錄下來。

★思考1：你要如何發現更多生活的線索？

★思考2：觀察周遭線索和探人隱私有何不同？

★思考3：如果路上發現有人跟蹤你，怎麼辦？

【發表時間】利用當場發表、自由發表、想像力開發教室公布欄等發表方式，讓孩子自然的表達自己的想法或創意。

想像力延伸

將主題概念延伸之後的可能性是什麼？有興趣的孩子可以繼續想想看。

黑裙子

（1）黑街上有一棟黑房子，裡面住著一個終年穿著黑裙子的女人，大家都叫她黑裙子，黑裙子不喜歡說話也不喜歡交朋友。

（2）你只會在天快黑的時候，看到黑裙子上街買冷掉的麵包，隨後便走進麵包店對面的小公園，一直到夜深都不曾有人再看到她，有人說她到公園裡吃孤獨的晚餐；有人說她在公園餵黑貓；有人說她在公園等待永遠不會來的人。

（3）儘管眾說紛云，卻沒有人能真正說出黑裙子到公園做什麼，因為黑街上沒有任何路燈，當黑色的空氣漫過街道，就沒有人敢出門了，更別說到黑森森的

公園去。

（4）有一天，黑裙子沒有買麵包就繞到公園去，那時天還有些微光，麵包店的年輕店員收起賣剩的麵包，正要關門時，看到七彩的光芒在公園的上方盤旋，他忍不住走進了公園。

（5）十幾年前公園剛蓋好的時候，到處盛開繽紛的花朵，然而現在的公園只有荒廢的雜草堆，店員隱約還記得自己在公園裡度過的美麗時光，那個時候媽媽還沒離開，常常在公園的大樹下為他說故事。

（6）店員忘了為什麼走進公園，卻不知不覺的找到了那棵大樹，而黑裙子就在大樹後面，用力揚起裙襬跳舞。

（7）一隻隻彩色的蝴蝶從黑裙子裡飛了出來，隨著舞步旋轉出彩色的光線，紛紛射向黑沉的夜幕，猶如夏日煙花，全力釋放黑暗的火心，燃燒了黑街的天空。

（8）店員驚訝得說不出話，只是眼睜睜的看著黑裙子，

近似瘋狂的不停跳舞，直到她也變成了一隻黑色的蝴蝶，飛上了天。

（9）從此再也沒有人看見黑裙子，有人說她等到了等待許久的人；有人說她將自己埋進公園的樹下；有人說她走進黑夜消失了。

店員坐上早晨的第一班火車離開黑街，他看著車窗上的自己的臉笑了，一隻蝴蝶貼著玻璃，輕輕吻著他的臉，那是一隻白底黑點的蝴蝶，媽媽失蹤那天就是穿著一件白底黑點的洋裝。

（10）黑裙子跳著舞飛上了天，媽媽一定也是跳著舞離開的，店員吹著口哨，自由的心正要起飛。

想像力手記

在這個世界上有好多不曾被發現的故事，因為少了關注和追蹤；然而又有許多故事被誤傳，因為多了猜測和誇大，店員跟著黑裙子到了公園，不僅目睹她消失的真相，也找到了媽媽離開的方式，當他理解了，也願意放自己自由，勇敢追求自己的人生。

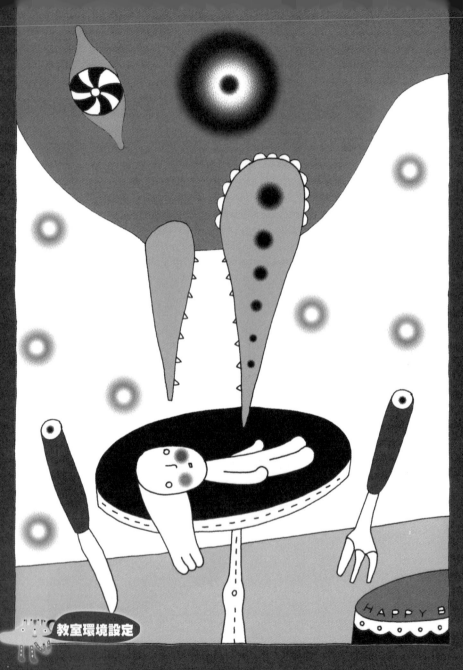

教室環境設定

大家都不說流行語、不畫流行偶像商品，只說自己心裡的話、畫出自己創造的造形，
設有「想像力開發教室公布欄」，提供孩子自由發表的空間。

第九堂課

生日快樂──長大之後

獨眼狗過生日

（1）獨眼狗三胞胎決定好好吃一頓來慶祝他們的生日。

（2）老大咖咖說應該到中餐館，才能吃到豬腳麵線。

（3）老二藍藍說應該到西餐廳，才能吃到生日蛋糕。

（4）老三黃黃提議到義大利餐廳，有麵又有蛋糕。

（5）於是他們走進了一家氣氛很好的義大利餐廳。

（6）點菜時，大家看到琳瑯滿目的菜單，已經忘了麵線和蛋糕，只想點自己最喜歡的菜，看來看去，想來想去，三胞胎卻有了一致的選擇。

（7）上菜前，咖咖說應該右手拿刀子、左手拿湯匙；藍藍說應該右手拿湯匙，左手拿叉子；黃黃說應該一次只拿一件餐具，否則看起來太野蠻了。

（8）當侍者將三份熱騰騰的薯泥起司烤牛骨端上桌時，三隻獨眼狗你看我、我看你的，猶豫了一下。

（9）獨眼狗們根本不顧什麼餐桌禮儀，用手就抓起牛骨啃了起來，還異口同聲的說：「好吃！好吃！」

（10）三胞胎用香噴噴的薯泥塞滿了嘴，卻忘了互道生日快樂，但是他們一起過了一個很快樂的生日。

想像力手記

慶祝生日往往變成一種形式，刻意安排的節目不見得會讓壽星感到快樂，也許像獨眼狗有自己的主見，卻又不偏離自己的喜好，用最自然輕鬆的方式慶祝生日最快樂！

操作方法1

生日那天，如果自己安排活動，你想如何度過？

例句：

（1）生日那天，我要請媽媽和我一起做蛋糕。

（2）生日那天，我要和全家人騎車到海邊。

（3）生日那天，我要和爸爸去爬山。

（4）生日那天，我要做一頓豐盛的晚餐請爸媽吃。

（5）生日那天，我要和同學打一整天籃球。

（6）生日那天，我要自己安排一個小小的旅行。

（7）生日那天，我要請好朋友到家裡玩。

（8）生日那天，我要和家人到遊樂園玩。

（9）生日那天，我要和媽媽去逛街吃冰淇淋。

（10）生日那天，我要自己去外婆家玩。

想像力手記

不同年紀的孩子對自己的認識不同，因此對自己的生日安排也會不同，既然是特別的一天，孩子會覺得有權利特別安排，但是對某些孩子來說，輕鬆的度過一天，或是和家人在一起，就是最大的快樂。

操作方法2

過生日代表長大了一歲，你覺得每個人的長大，具有什麼不同的意義，對生活又會產生什麼變化？

例句：

（1）小堂妹長大了一歲，她會走路了。

（2）哥哥長大了一歲，開始長鬍子。

（3）我長大了一歲，可以自己去上學了。

（4）媽媽長大了一歲，臉上多了一條皺紋。

（5）小狗長大了一歲，比較不調皮了。

（6）弟弟長大了一歲，他會自己穿衣服了。

（7）爺爺長大了一歲，今年要退休了。

（8）姊姊長大了一歲，可以考駕照了。

（9）莉莉長大了一歲，她會騎腳踏車了。

（10）阿姨長大了一歲，今年要結婚了。

想像力手記

每一年增長的歲數，對不同年齡的人來說，

代表著不同的意義，有的差異性不大，有的

則是對個體的成長有很大的影響，這些變化

是歲月流逝的結果，也是啟動每一生命階段

的鑰匙。

請每個孩子模擬出一個有想像力的故事或畫面。

請模擬以下的故事，造出10個句子，說出自己的故

事，如果把它們畫出來，就是一本圖畫書。

我長大了

（1）我長大了，我的左手可以伸到巷口買冰淇淋。

（2）我長大了，我的右手可以伸到樹頂摘果子。

（3）我長大了，我的左腳可以跨到足球場踢球。

（4）我長大了，我的右腳可以跨到小島渡假。

（5）我長大了，我的身體可以躺在山的大床上休息。

（6）我長大了，我的頭髮可以長到天上和小鳥一起飛。

（7）我長大了，我的眼睛可以和星星一起眨啊眨。

（8）我長大了，我的耳朵可以聽到地底的聲音。

（9）我長大了，我的嘴巴可以吞下一個糖果店。

（10）我長大了，長得好大好大，可是我的心離我好遠

　　好遠，我不想那麼快長大。

想像力手記

對孩子來說，長大代表魔法的力量，只要長

大，一切事物都變得可能，可以掌握自己的

所有，可以自由嘗試冒險，只要長大，世界

就在自己的腳下，但是別忘了，快快長大的

過程，也要傾聽自己心裡的聲音，才能變成

自己真正想要成為的大人。

說故事時間

請孩子發表他的模擬創作，發表完畢後，由老師對孩子提出以下問題，讓孩子自由回答，避免評論。

◆問題1：長大後，你最想做什麼？

◆問題2：下次過生日時，你想為自己安排什麼活動？

 思 考 時 間

由個人或小組分別進行討論，將結果記錄下來。

★思考1：什麼是大人？除了年紀比較大，他們有什麼特質？

★思考2：你想成為大人嗎？為什麼？

★思考3：請想像長大後最好的事，和長大後最不好的事。

【發表時間】利用當場發表、自由發表、想像力開發教室公布欄等發表方式，讓孩子自然的表達自己的想法或創意。

將主題概念延伸之後的可能性是什麼？有興趣的孩子可以繼續想想看。

長大的祕密

日子一天一天過去，我看到周圍的人一個一個長大，戴上了沒有表情的面具，變成我不認識的人。

我不知道什麼時候我會長大，也不知道當那天來臨的時候，我是不是來得及跟小時候說再見。

今天，我遇見了一個好心的怪物，他說可以告訴我長大的祕密，可是他很餓，得先吃東西才有力氣說話。

怪物說：「你有我想吃的東西。」

我說：「是什麼呢？」

怪物說：「你的童年。」

我有點猶豫，但還是說：「你吃吧！」

怪物吃掉了我過去的日子，那些日子有快樂、膽怯

和傷感。

　　當怪物吃掉我最候一口童年時，我長大了，卻來不及和過去說再見。

　　現在我也變成了陌生的人，加入了我曾經嚮往的行列，我每天專心的做一個大人。

　　吃掉別人的童年的怪物，不知道會不會消化不良，無論如何，我好像忘了他究竟吃了什麼。

想像力手記

我們可能以為自己會在某一天突然長大，來不及仔細推敲長大的過程，然而長大並不是一種快速的變化，而是緩慢堆疊的成就一種成熟的智慧，因此你不會因為過了生日就長大，也不會因為年紀到了就變得懂事，除非你細細品味童年的過程，慢慢咀嚼自己的心情轉變。

大家都不說流行語、不畫流行偶像商品，只說自己心裡的話、畫出自己創造的造形，
設有「想像力開發教室公布欄」，提供孩子自由發表的空間。

第十堂課
地下室──藏在地下的祕密

麵包店的地下室

（1）小熊在「街角」麵包店門口，看到徵人啟示：「誠
　　　徵麵包師傅一人」。

　　　「街角」麵包店已經關門好一陣子了，現在想重新
　　　開張，可是原來的師傅離開了。

（2）小熊喜歡做麵包，他在家裡先烤了三種麵包，然後
　　　送去給「街角」麵包店的老闆試吃，老闆說：「還
　　　不錯！你明天開始上班。」說著，老闆就把麵包送
　　　到地下室。

（3）第二天，「街角」麵包店開張了，小熊做了12種麵
　　　包，包括藍莓丹麥麵包、巧克力豆吐司、大蒜番茄
　　　麵包等，可是天都黑了，麵包還堆積如山賣不出

去，小熊想：「大家都不喜歡我做的麵包，我可能不適合做麵包師傅。」。

（4）下班前，小熊正想著明天要做什麼口味的麵包時，地下室傳來了「咕嚕……咕嚕……」的聲音，小熊發現地下室的門沒上鎖，於是走了下去，這時候，一個低沉的聲音說：「我好餓！我要吃麵包！」

（5）小熊連忙退回店面，拿了10個麵包下樓，一隻塗了美乃滋、又白又胖的手，伸出來搶走了麵包：「好吃！好吃！我還要！」

（6）小熊又上樓，抱了20條吐司到地下室，一隻塗著起司醬、黏答答的手，伸出來搶走了麵包：「好吃！好吃！」小熊不禁問：「真的好吃嗎？」就這樣，賣不出去的麵包被地下室的怪物吃個精光，小熊終於露出笑容：「有人喜歡我的麵包！」

（7）從此小熊更努力做麵包，嘗試做出大家會喜歡的口味，於是麵包愈賣愈好，少數賣不出去的，就送到地下室去，當麵包怪露出長滿波蘿腫塊的臉說：

「好吃！好吃！」時，小熊覺得好滿意！

（8）現在「街角」麵包店，從早上開始就大排長龍了，小熊只好做更多更多麵包來滿足顧客，往往到下班時，他就累翻了，店裡不再有賣剩的麵包，別說麵包怪了，連他自己都忘了，第一次吃到自己做的麵包時的感動。

　　小熊想：「他應該餓了。」但是這個想法，馬上被店員的催促聲打散。

（9）有一天休假日，小熊為自己和麵包怪做了新式麵包，他特地把麵包送到店裡，發現老闆也在。老闆說：「這是給我的麵包嗎？」小熊搖搖頭，指了指地下室，便拉著老闆往下走。

（10）「麵包怪！你餓了吧！」小熊在黑暗裡喊著，此時從身後傳來：「好吃！好吃！」的聲音，老闆正大口的咬下核桃黑麥麵包。小熊才知道麵包怪是自己想像出來的，一直在背後默默支持他的是老闆。

想像力手記

大部分的人在地面上生活，但是地面下有著另一個空間，在連結兩個世界的階梯上，移動著不安和好奇的腳步，地下室裡的怪物，並非想像中的可怕，也許就像小熊麵包師傅的經歷一樣，來自地下室的鼓勵，使他重建信心，終於讓他得到成功。

操作方法1

麵包店的地下室有麵包怪，想像一下，其他地方的地下室，可能有誰住在那裡呢？

請孩子讀完例句，按句型造句，並輪流說出來。

例句：

（1）公園的地下室，有一隻花怪，全身長了五顏六色的

花。

（2）火車站的地下室，有一隻車票怪，全身貼滿了用過
的票根。

（3）市場的地下室，有一隻蔬菜怪，全身長出了各種綠
色蔬菜。

（4）美術館的地下室，有一隻立體怪，全身有著各種立
體的突起物。

（5）咖啡店的地下室，有一隻咖啡怪，全身流著拿鐵奶
泡般的汗。

（6）圖書館的地下室，有一隻吃書怪，全身都是撕碎的
書頁。

（7）遊樂園的地下室，有一隻氣球怪，全身吊滿了氣
球。

（8）歌劇院的地下室，有一隻面具怪，全身掛滿了神祕
的面具。

（9）甜甜圈店的地下室，有一隻甜甜圈怪，全身鑲著各
種口味的甜甜圈。

（10）水果店的地下室，有一隻水果怪，全身生出了四季水果。

想像力手記

無論怪物存不存在，將有所懷疑的事物，用明確的言語形容，就變成了想像力的發揮，如果將它們畫出來，或是做出來，便是創造力的實踐。你會發現凡是想像力和創造力所及的，一點都不可怕。

操作方法2

城市生活的個人活動空間，常是擁擠的，如果你有一個地下室的空間，來安排其他活動，你會如何設計呢？請孩子讀完例句，按句型造句，並輪流說出來。

例句：

（1）我愛打籃球，我要在地下室蓋一個籃球場。

（2）我愛游泳，我要在地下室挖一個游泳池。

（3）我愛畫畫，我要在地下室蓋一個畫室。

（4）我愛玩樂器，我要在地下室蓋一個隔音室。

（5）我愛看電影，我要在地下室蓋一個戲院。

（6）我愛種花，我要在地下室蓋一個熱帶溫室。

（7）我愛打撞球，我要在地下室蓋一個撞球間。

（8）我愛打電動，我要在地下室蓋一個遊戲間。

（9）我愛養魚，我要在地下室蓋一個水族館。

（10）我愛唱歌，我要在地下室蓋一個歌劇院。

想像力手記

想像出來的地下空間，往往隱藏著每個人的心願和夢想，也許因為這些想像，鼓動人們向上伸展的動力，會有那麼一天，終能實現不見天日的美夢。

主題模擬

請每個孩子模擬出一個有想像力的故事或畫面。

讀完以下故事，請發揮想像力，造出10個句子。

我心裡的地下室

（1）我心裡的地下室，有一個無限延伸的階梯，伸向每個神祕的空間。

（2）我心裡的地下室，有一個彩色的花園，蝴蝶四季飛舞嬉戲。

（3）我心裡的地下室，有一片蔚藍的天空，那是屬於我的天空。

（4）我心裡的地下室，有一座美麗的海，我在海上自由漂浮。

（5）我心裡的地下室，有一間糖果店，讓我盡情享受甜蜜的生命。

（6）我心裡的地下室，有一個車站月台，我在那裡等待

想念的人下車。

（7）我心裡的地下室，有一個紅色電話亭，透過話筒，
　　我說出想說的話。

（8）我心裡的地下室，有一個露天陽台，鳥人和我一起
　　喝咖啡，讓我傾聽世界的心事。

（9）我心裡的地下室，有一個童年的房間，裡面住了一
　　個我。

（10）我走進心裡的地下室，敲敲門，童年的我打開了
　　　門，他說：「謝謝你是現在的樣子。」

想像力手記

地下室也可以是抽象的，心裡的地下室是我
的祕密場所，我在那裡享受人生的苦與樂，
地下室是多變的空間，隨著我的需求轉換樣
貌，是一個令我安心的地方。常常探訪自己
的地下室，你會更了解自己，做一個更自在
的人，也會成為小時候希望變成的人。

說故事時間

請孩子發表他的模擬創作，發表完畢後，由老師對孩子提出以下問題，讓孩子自由回答，避免評論。

◆問題1：想像一下，你的心裡如果有一個地下室，裡面會有什麼呢？

◆問題2：如果有人闖入你心裡的地下室，那是什麼情況？

 思 考 時 間

由個人或小組分別進行討論，將結果記錄下來。

★思考1：為什麼地下室給人神祕的感受？

★思考2：想想自己進入地下捷運站時，是什麼感覺？

★思考3：如果你住在不見陽光的地下室，會怎麼想？

【發表時間】利用當場發表、自由發表、想像力開發教室公布欄等發表方式，讓孩子自然的表達自己的想法或創意。

將主題概念延伸之後的可能性是什麼？有興趣的孩子可以繼續想想看。

地下藝術城

（1）今天是老鼠藝術家們最後一次聚會，因為他們三餐連麵包屑都吃不上了，更別說是買畫布、顏料。小老鼠阿布第一次參加聚會就輕易散會了，他很不甘心的離開。

（2）阿布看到地面散落許多廢棄建材，是拆房子留下的，他心裡想：「誰說創作一定要用錢買材料？」他把想法告訴其他藝術家，於是大家努力的把廢建材五金搬入地下通道，開始了不一樣的創作。

（3）老鼠阿金把螺絲釘固定在水泥板上，形成不同的高低陰影，完成了一幅「都市翦影」。

（4）老鼠阿力把帆布屋頂裁成粗細條狀，將它們編織後

貼在木板上，完成了一幅「情緒編織」。

（5）老鼠小娜用鐵鎚在大小鋼板上打出一個個凹痕，再將它們一片片掛在柱子上，完成立體作品「文明脫皮」。

（6）老鼠阿林用鐵線將銅片、鏽鐵，重重綑綁起來，塑成有許多突起的隨機造形，完成了一個立體作品「被限制的無限制」。

（7）老鼠小青將水泥塊分置在畫了黃線的地上，這個作品叫作「違規拆解」。

（9）老鼠阿飛在玩具浴缸裡放滿了釘子、鋼片、鐵塊，這個作品叫作「鋼鐵人的舒適入浴」。

（8）阿布把彩色碎玻璃鑲在牆壁上，拼貼出無數個通往地下藝術城的指標，它們指出每個創作者的展覽空間，阿布的展覽室裡有各種素材組成的家具，這個空間叫作「廢墟公寓」。

（10）新大樓舉辦落成派對那天，地下藝術城也開幕了，阿布從地面張羅了許多茶點，給藝術家們慶

功，從那天開始，就有許多都市的老鼠前來參觀，後來地下藝術城聲名遠播，連鄉下的老鼠也搭車來看呢！你知道嗎？藝術城的入口，就在新大樓電影院的VIP包廂裡。

 想像力手記

廢棄的建材，經過老鼠藝術家的巧手，做出了令人驕傲的地下藝術品，大家想想看，有沒有可能世界上最有價值的藝術，其實是常常被我們踩在腳底下的？

LUCY

大家都不說流行語、不畫流行偶像商品，只說自己心裡的話、畫出自己創造的造形，設有「想像力開發教室公布欄」，提供孩子自由發表的空間。

第十一堂課

遺忘的國度
——刻意發現的不經意遺忘

大風國

（1）大風國裡到處吹著怪風，常常把一些大家熟悉的東西吹走。

（2）怪風吹走了熊奶奶的圍裙，她忘了怎麼煮最好吃的南瓜蔬菜湯。

（3）怪風吹走了貓頭鷹爺爺的澆花器，他忘了怎麼種出最漂亮的玫瑰。

（4）怪風吹走了花貓麵包師的擀麵棍，他忘了怎麼做出香甜的麵包。

（5）小老鼠沙奇睡覺時，怪風把他種的黃色小花吹走了；沙奇吃飯時，怪風把他最愛看的圖畫書吹走

了；沙奇做功課時，怪風把他跑得最快的玩具車吹

走了；沙奇散步時，怪風把他的小狗熊吹走了。

（6）有一天，沙奇去上學時，怪風把他的床和屋頂都吹

走了。

（7）沙奇回家時，整個家空蕩蕩的，沙奇覺得好寂寞，

因為屬於他的東西都不見了，他也忘了他的生活，

沙奇希望怪風把自己也吹走。

（8）突然又起了一陣怪風，把沙奇吹到半空中，他在空

中不斷翻觔斗，頭都暈了，最後怪風終於平息，沙

奇被吹到了一個陌生的小島。

（9）小島上開滿了黃色的小花，還有沙奇的圖畫書、玩

具車、小狗熊和最舒服的床。

（10）而且沙奇的爸爸、媽媽都在小島上，他們蓋了一

個小小的房子等他，最棒的是小島不颳怪風，沙

奇和爸媽可以一直在一起。

想像力手記

你有沒有想過被我們遺忘的事物，究竟到哪裡去了？遺失的東西總還會掉在某處，可能被人撿走，可能只是單純的忘了放在哪裡。但是遺失的記憶在哪裡呢？也許就像上面的故事般，每個人都有屬於他的遺忘小島，那裡收藏所有遺忘的記憶，直到自己也被忘了，就能搬到小島重新生活。

操作方法1

如果你也有一座遺忘小島，你希望在那裡遇見誰或是什麼東西？為什麼？請孩子按例句句型造句，輪流說出來。

例句：

（1）我希望遇見我的保母，因為我忘了她的臉。

（2）我希望遇見我的第一個娃娃，因為我現在很想它。

（3）我希望遇見和爸媽一起去海邊渡假的回憶，因為我
　　忘了。

（4）我希望遇見表哥教我的數學公式，因為我想不起來
　　了。

（5）我希望遇見我的狗剛來我家的樣子，一定比現在可
　　愛。

（6）我希望遇見我的100分考卷，因為我忘記滿分的滋
　　味了。

（7）我希望遇見好久不見的舊鄰居，我快忘記他了。

（8）我希望遇見新家，因為搬來5年，我忘了它原來是
　　什麼樣子。

（9）我希望遇見滿是綠樹的山頭，它已經從我的心裡消
　　失了。

（10）我希望遇見媽媽溫柔的聲音，我忘了那是很好的
　　　安慰。

想像力手記

遺失的，想重新獲得；遺忘的，想重新記起，往往是因為曾經美好，所以現在懷念，有時候，時間或經歷讓我們有機會重溫過去的回憶，但是對老人來說，遺忘的部分和歲月一起從生命中流失，再也喚不回了。

操作方法2

忘記了，可能會再想起來，但是忘記事物的結果已經造成，請孩子試著按以下句型造句，輪流說出來。

例句：

（1）爸爸忘記把車鑰匙放在哪裡了，結果只好搭公車上班。

（2）媽媽忘記在蛋糕料裡加發粉，結果蛋糕扁扁的發不起來。

（3）熊爺爺忘記自己幾歲，結果只好在生日蛋糕插上問

號造形的蠟燭。

（4）天空忘了下雨，結果稻子都乾死了。

（5）哥哥出門忘了帶傘，結果只好淋雨上學。

（6）廚師忘了多準備食材，結果賓客們都餓著肚子回
家。

（7）奶奶忘了滷豬腳的獨家配方，結果我們都吃不到美
味豬腳了。

（8）我忘了寫功課，結果被罰下課不能出去玩。

（9）兔子忘了採收蘿蔔，結果都被偷走了。

（10）風忘了吹，結果今天很熱。

想像力手記

忘記事物可能導致生活不便，但是要記得所
有事情，又徒增壓力，若能善用記事簿提醒
自己每天該做的事，就能養成生活好習慣，
擺脫慌張失措的窘況。

主題模擬

請每個孩子模擬出一個有想像力的故事或畫面。

讀完以下故事，孩子也可以造出10個句子，寫出自己的故事，如果把它畫出來，就是一本圖畫書了。

我忘了

（1）我忘了，風吹過臉龐的舒適。

（2）我忘了，腳踩在沙灘上的優閒。

（3）我忘了，午後一杯咖啡的享受。

（4）我忘了，在樹下看書的浪漫。

（5）我忘了，趕上最後一班公車的興奮。

（6）我忘了，一個人看午夜場的淒涼。

（7）我忘了，獨倚窗前靜思的專注。

（8）我忘了，雨中散步的天真。

（9）我忘了，無數夢裡的精采。

（10）但是我還記得，當你看著我時，你的眼底閃著星

光，照亮了我的幸福。

想像力手記

在生命過程中，我們無法記得所有的細節，如果能知道忘了什麼，表示還記得。反而是確定記得的，是自己的想像，因為是想像的，沒有事實根據，也沒有所謂的忘記，因為它是心靈的感動，永遠忘不了。

讀者可按此故事結構來編故事：忘記的事實×9＋沒有忘記的想像×1。

說故事時間

請孩子發表他的模擬創作，發表完畢後，由老師對孩子提出以下問題，讓孩子自由回答，避免評論。

◆問題1：你曾經忘記重要的事嗎？是什麼？

◆問題2：想想看，在你的記憶裡，有什麼是一定不能忘記的？

　　由個人或小組分別進行討論，將結果記錄下來。

★思考1：如何避免忘記事情？

★思考2：身邊的人忘記和你的約定，你會怎麼辦？

★思考3：從今天開始寫日記，就可以不忘記了嗎？

【發表時間】利用當場發表、自由發表、想像力開發教室公布欄等發表方式，讓孩子自然的表達自己的想法或創意。

　　將主題概念延伸之後的可能性是什麼？有興趣的孩子可以繼續想想看。

記憶列車

（1）熊爺爺的家門口有個車站，每天傍晚有列車通過，

　　　但是從來不見有人上下車，只有老人們送出了一個

個沒寫收件人的包裹。

（2）狐狸奶奶送出了15歲記憶的包裹，她忘記自己以前是紮著辮子的野丫頭。

（3）豬婆婆送出了孫子們笑臉的記憶包裹，她自己也忘了怎麼笑。

（4）大象爺爺送出了自己青春時期的包裹，他現在只能駝著背走路。

（5）黑鳥爺爺送出了初戀情人的包裹，他忘了曾經有一個人愛他。

（6）烏龜奶奶送出了家鄉記憶的包裹，她再也記不得那個美麗的綠色湖泊。

（7）兔子爺爺送出了朋友記憶的包裹，他不知道星期天穿好衣服要去拜訪誰？

（8）鯨魚婆婆送出了海的記憶的包裹，不敢再靠近自己曾經最愛的海。

（9）熊爺爺很不想像別人一樣，把記憶包裹送上列車，但是他還是忘了今天晚上和大象爺爺一起下棋的約

定。

（10）熊爺爺看著家裡堆滿了自己的記憶包裹，深深的

　　　嘆了一口氣，因為他已經忘了如何打開它們。

想像力手記

因為我們的時間太少，往往只夠活在當下，

沒有空去回憶往事，於是所有往事都被密封

起來，送上了記憶列車，我們不知道列車的

終點在哪裡，只知道它愈跑愈快，離我們愈

來愈遠。

老人每天都在面臨記憶流失的問題，這也是

將來我們的問題。

LUCY

教室環境設定

大家都不說流行語、不畫流行偶像商品，只說自己心裡的話、畫出自己創造的造形
沒有「想像力開發教室公布欄」，提供孩子自由發表的空間。

第十二堂課

貝殼裡的世界
──享受小小的美好

海星的新家

（1）海星搬新家了，新家是一個鸚鵡螺的空殼，海星在
　　新家裡隔出了很多小空間。

（2）海星在客廳聽音樂，他覺得客廳小小的，但是很美
　　好。

（3）海星在陽台看海，他覺得陽台小小的，但是很美
　　好。

（4）海星在書房看書，他覺得書房小小的，但是很美
　　好。

（5）海星在咖啡室喝咖啡，他覺得咖啡室小小的，但是
　　很美好。

（6）海星在琴房拉小提琴，他覺得琴房小小的，但是很美好。

（7）海星在廚房做菜，他覺得廚房小小的，但是很美好。

（8）海星在浴室泡澡，他覺得浴室小小的，但是很美好。

（9）海星在臥房睡覺，他覺得臥房小小的，但是很美好。

（10）海星的新家不大，但是夠他一個人享受小小而美好的生活。

想像力手記

如果能擁有完全屬於自己的空間，即使是小小的，也會覺得很滿足，海星在許多小空間裡享受自己的興趣與生活，應該是很多年輕人嚮往的生活模式。

操作方法1

對你或身邊的人來說，什麼是小小的美好的事物？

請按例句句型造句，讓孩子輪流說出來。

例句：

（1）對我來說，吃個冰淇淋甜筒是小小的美好。

（2）對妹妹來說，玩溜滑梯是小小的美好。

（3）對媽媽來說，坐在窗邊看書是小小的美好。

（4）對姊姊來說，在浴室唱歌是小小的美好。

（5）對爸爸來說，喝一瓶啤酒是小小的美好。

（6）對爺爺來說，聽一段崑曲是小小的美好。

（7）對哥哥來說，看場電影是小小的美好。

（8）對奶奶來說，到公園散步是小小的美好。

（9）對小莉來說，和狗一起玩是小小的美好。

（10）對小星來說，開心的畫畫是小小的美好。

想像力手記

幸福是什麼？快樂是什麼？如果我們常常累積小小的美好，也許就會幸福快樂。

有人以為要得到幸福和快樂很難，那是因為他不懂得享受小小的美好。

操作方法2

想像一下，圖畫書裡的主角，會有什麼樣小小而美好的享受？讀完例句，請孩子按例句句型造句，輪流說出來。

例句：

（1）小狐狸喜歡淋小雨，享受自然的清涼。

（2）小老鼠喜歡在花園裡滾來滾去，享受各種花香為自己按摩。

（3）小熊喜歡一個人喝下午茶，享受安靜的片刻。

（4）小刺蝟喜歡吹海風，享受逆風的刺激感覺。

（5）小花豹喜歡和人賽跑，享受凌駕他人的優勢。

（6）小青蛙喜歡唱歌，享受自己的歌聲四處迴盪。

（7）小兔子喜歡做餅乾給大家吃，享受和人分享的快樂。

（8）小河馬喜歡在草原上的池塘泡澡，享受和家人共度的時光。

（9）小鳥喜歡振翅飛翔，享受眼下世界像跑馬燈般運轉。

（10）土撥鼠喜歡挖洞，享受新空間裡的新發現。

想像力手記

自己沒有的經驗，也能體會美好的感受，因此藉著想像力，就能引領自己開發生活中各種層面的愉快經驗，這也是我們追求更美好、更適合自己生活的方式。

主題模擬

請每個孩子模擬出一個有想像力的故事或畫面。

讀完故事，請孩子造10個句子，說出自己的故事，如果把它們畫出來，就是一本圖畫書。

生命裡的小小安慰

（1）小鳥哭了，一朵小花落在他的頭上。

（2）小松鼠哭了，一顆松果滾到他的腳邊。

（3）小青蛙哭了，水花揚起陪他傷心。

（4）小熊哭了，大樹的影子為他遮陽。

（5）小豬哭了，其他的小豬都安靜了。

（6）小牛哭了，溫柔的綠草為他鋪好了床。

（7）小貓哭了，街上的行人停止不動。

（8）小狗哭了，媽媽在另一個城市聽到了。

（9）小老鼠哭了，洞口出現了一塊剛出爐的麵包。

（10）我哭了，天上下了一滴雨。

想像力手記

有人哭了，無論為什麼哭，可能是飛得不夠高，可能是想念媽媽，可能是受了委屈，這些都代表有人的心受傷了，這個時候，大自然和這個世界會給予什麼安慰呢？可能是一朵落花、可能是一個影子、可能是小雨陪哭，這些小小的安慰都能為傷心的人小小打氣，好像在說：「你的傷心，我知道。」

說故事時間

請孩子發表他的模擬創作，發表完畢後，由老師對孩子提出以下問題，讓孩子自由回答，避免評論。

◆問題1：你會為什麼原因哭？

◆問題2：當你傷心的時候，希望得到什麼安慰？

由個人或小組分別進行討論，將結果記錄下來。

★思考1：自己享受的美好事物，對別人也可能是好的

嗎？

★思考2：朋友難過傷心時，你會如何安慰他？

★思考3：當你傷心時，最不喜歡別人怎麼說？

【發表時間】利用當場發表、自由發表、想像力開發

教室公布欄等發表方式，讓孩子自然的表達自己的想法

或創意。

將主題概念延伸之後的可能性是什麼？有興趣的孩

子可以繼續想想看。

熊爺爺生病了

（1）熊爺爺生病了，不能出門，大家怕他一個人在家無

聊，約好星期六早上一起去看他。

（2）兔子爺爺帶了自己最愛的小花，他想：「有了小花
陪伴，熊爺爺很快就會好起來了。」

（3）貓奶奶帶了自己最愛的圍巾，她想：「有了溫暖的
圍巾，熊爺爺很快就會好起來了。」

（4）大鳥爺爺帶了自己最愛的拼圖，他想：「有好玩的
遊戲，熊爺爺很快就會好起來了。」

（5）松鼠婆婆帶了自己最愛的核桃派，她想：「有好
吃的點心，熊爺爺很快就會好起來了。」

（6）地鼠爺爺帶了自己最愛的地圖，他想：「跟著地
圖紙上探險地下世界，熊爺爺很快就會好起來
了。」

（7）猴子奶奶帶了自己最愛的花草茶，她想：「喝下
熱熱的花草茶，熊爺爺很快就會好起來了。」

（8）狐狸爺爺帶了自己最愛的書，他想：「看完這本
書，熊爺爺很快就會好起來了。」

（9）大家到了熊爺爺床前，看到熊爺爺笑嘻嘻的，一

點都不像個病人，愛畫畫的他早就把最愛的朋友們都畫在牆上了，有種花的兔爺爺、編織的貓奶奶、玩拼圖的大鳥爺爺、烤點心的松鼠婆婆、畫地圖的地鼠爺爺、喝茶的猴子奶奶、看書的狐狸爺爺。

（10）熊爺爺說：「我最愛你們，有你們陪我，我很快就好了。」

想像力手記

安慰生病的人，要準備什麼呢？熊爺爺的朋友們都帶了自己的最愛，他們想這些小小而美好的東西，也會是熊爺爺愛的，而熊爺爺更愛的是這群專注興趣、享受生活的朋友，他應該很慶幸自己是其中一員，因為即便是生病了，他也沒有忘記最愛的畫畫。

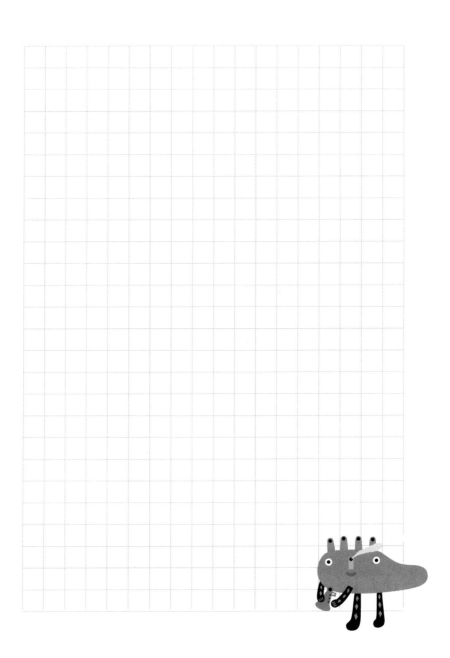

教室環境設定

LUCY

大家都不說流行語、不畫流行偶像商品，只說自己心裡的話、畫出自己創造的造形，
設有「想像力開發教室公布欄」，提供孩子自由發表的空間。

第十三堂課

百變櫥窗──換季的戲碼

 主題發想

娃娃的新家

（1）二手娃娃屋裡，有一個對著街道的半圓櫥窗，今天
　　　新加入一個穿著紅鞋的木頭娃娃，所有娃娃都對她
　　　仔細打量，覺得新來的娃娃看起來好寒酸。

（2）穿著縫滿珍珠蓬蓬裙的娃娃，對木頭娃娃說：「我
　　　以前住在吊著水晶燈的房間，妳住在哪裡？」

（3）戴著藍色絨布圓帽的娃娃，對木頭娃娃說：「我以
　　　前坐過六頭馬車，妳坐過嗎？」

（4）全身被金色薄紗包裹的娃娃，對木頭娃娃說：「我
　　　參加過皇家舞會，我想妳應該沒聽說過吧？」

（5）穿著玻璃鞋的娃娃，對木頭娃娃說：「妳看！我的
　　　玻璃鞋多美啊！不像妳的鞋還會掉漆。」

（6）彈著流暢鋼琴的娃娃，對木頭娃娃說：「妳會彈琴
嗎？是我以前的主人教我的。」

（7）頭上蓋著透明網紗的娃娃，對木頭娃娃說：「我
以前有個未婚夫，他也穿白色的禮服，妳結婚了
嗎？」

（8）穿著時尚的摩登娃娃，對木頭娃娃說：「好想再去
巴黎看服裝秀，妳去過嗎？」

（9）木頭娃娃抬頭說：「妳們說的，我都不太懂，也
沒看過，不過我有一個名字，我叫伍德絲，妳們
好！」

（10）所有的娃娃都閉上了嘴，因為她們不曾有過名
字，她們的心裡生出了一些羨慕又妒嫉的情緒，
她們多希望像伍德絲一樣大方的介紹自己，擁有
一個真正代表自己的名字。

想像力手記

能夠大方的介紹自己，更勝於太多的背景說明，尤其是依附在別人身上的價值，就像是娃娃們的炫耀。畢竟那些經歷和擁有，都在成為二手娃娃的同時就消失了，不如一個有自我意識的娃娃，記得自己的名字，時時觀照自我的真實存在。

操作方法1

　　逛街的時候，我們有機會看到各式各樣的櫥窗布置，刺激我們的購買欲望，想像一下自己或家人的情況，請孩子按例句句型造句，輪流說出來。

　　例句：

（1）我想買一件藍色背心裙，因為櫥窗裡的小女孩穿著

它，看起來很快樂。

（2）媽媽想買一個骨磁茶杯，因為櫥窗裡的河岸風景，讓人有出國的感覺。

（3）弟弟想買一輛小跑車，因為櫥窗裡的車道，讓小跑車看起來很威風。

（4）姊姊想買一雙皮靴，因為櫥窗裡的雪景，讓皮靴看起來更暖和。

（5）哥哥想買一個衝浪板，因為櫥窗裡的立體高浪，讓它看起來很厲害。

（6）爸爸想買一支新釣竿，因為櫥窗裡的釣客和大魚合拍的照片，讓爸爸很嚮往。

（7）奶奶想買一隻小貓，因為櫥窗裡的鵝黃色房間，讓奶奶覺得很溫馨。

（8）阿姨想買一個音樂盒，因為櫥窗裡的樂園布置，氣氛很歡樂。

（9）妹妹想買一個娃娃屋，因為櫥窗裡的燈光，讓娃娃看起來很幸福。

（10）我想買一把黃色雨傘，因為櫥窗裡的雨景，讓雨
傘看起來更漂亮。

想像力手記

買東西的同時，你有想過櫥窗陳列對你的影響嗎？也許廣告的吸引力大過實用的需要性，雖然櫥窗有美化街道的功能，但我們不得不承認，它也可能主導某些消費行為。

操作方法2

將櫥窗抽象化，將形容具體化，我們來練習布置情緒的櫥窗。

請孩子自訂題目，按例句句型造句，輪流說出來。

例句：

（1）快樂的櫥窗——黃色的天空背景，飄著大小不一的
彩色氣球。

（2）哀傷的櫥窗——木偶的眼睛流出一滴眼淚，眼淚裡

有一隻飛鳥的倒影。

（3）自由的櫥窗——藍天的背景裡，有人形的紙飛機在
飛翔。

（4）舒服的櫥窗——英式下午茶的現場，桌上放著一本
小說。

（5）痛苦的櫥窗——櫥窗裡隔出許多小格子，每個小格
子裡擺放五官、器官的模型。

（6）沉悶的櫥窗——灰色的背景裡，放著一張黑色的鐵
床。

（7）恐怖的櫥窗——紅色背景牆裡開了很多洞，每個洞
裡藏著一個窺伺的眼睛。

（8）惡夢的櫥窗——一朵美麗的大花，花瓣是蝴蝶的翅
膀組成，花蕊是毛毛蟲。

（9）憂鬱的櫥窗——灰藍色的背景前，站著一個有黑色
翅膀的女孩，女孩的懷裡有一隻死去的白鴿。

（10）瘋狂的櫥窗——許多隻手突破櫥窗伸出來，卡在
玻璃間，他們的手裡抓著釦子、衣角、頭髮。

想像力手記

透過造句練習，孩子知道如何用商業的角度，表達自己的情緒，甚至將情緒藝術化、設計化，如果你能將情緒升華，那麼情緒不會再干擾生活，而是提供豐盛多變的創意來源。

請每個孩子模擬出一個有想像力的故事或畫面。

可以有夏天櫥窗、春天櫥窗、快樂櫥窗、痛苦櫥窗等，讀完以下故事，請孩子造出10個句子，寫成自己的故事，如果把它們畫出來，就是一本圖畫書。

我的夏天櫥窗

（1）今天我在夏天櫥窗裡，放進了一封信，信上畫著美

麗的海，海上有幾隻海鳥。

（2）今天我在夏天櫥窗裡，放進了一片沙灘，沙灘上有
　　我的足跡。

（3）今天我在夏天櫥窗裡，放進了幾個玩沙的小孩，他
　　們用海沙雕出了巨大的貝殼。

（4）今天我在夏天櫥窗裡，放進了一艘小白船，船上有
　　可口的野餐。

（5）今天我在夏天櫥窗裡，放進了一座小島，島上有茂
　　密的椰林。

（6）今天我在夏天櫥窗裡，放進了從沒聽過的蟲鳴鳥
　　叫，我好像到了遠古。

（7）今天我在夏天櫥窗裡，放進了孩子們的躲迷藏，古
　　蹟上的歡笑聲永遠不落伍。

（8）今天我在夏天櫥窗裡，放進了一段音樂，我跟著哼
　　出了南島的節奏。

（9）今天我在夏天櫥窗裡，放進了一張照片，照片裡的
　　我像個野孩子。

（10）夏天的櫥窗布置好了，暑假也結束了，櫥窗裡的

主角們還在他們的夏天裡，永恆的夏天。

想像力手記

從一張畫了海的信紙，主角展開了豐富的南
島之旅，布置了夏天櫥窗。

櫥窗的密閉空間裡，放著許多象徵性的物
件，布置出特定的場景和情境，彷彿一個永
恆的定格，商店的櫥窗會換季，我們的夏天
櫥窗也會換季，但是定格的記憶永遠都在。

說故事時間

　　請孩子發表他的模擬創作，發表完畢後，由老師對
孩子提出以下問題，讓孩子自由回答，避免評論。

◆問題1：你喜歡逛街嗎？為什麼？

◆問題2：你不喜歡逛街嗎？為什麼？

思 考 時 間

由個人或小組分別進行討論，將結果記錄下來。

★思考1：你想過要開一家店嗎？

★思考2：是什麼商店？

★思考3：你會如何布置櫥窗？

【發表時間】利用當場發表、自由發表、想像力開發教室公布欄等發表方式，讓孩子自然的表達自己的想法或創意。

想 像 力 延 伸

將主題概念延伸之後的可能性是什麼？有興趣的孩子可以繼續想想看。

黑貓走過商店街

（1）黑貓很喜歡逛街，特別是注視每個精心布置的櫥窗，看看今天又少了哪個老朋友，多了哪個新朋

友，對黑貓來說，櫥窗裡的故事像小說一樣精采。

（2）黑貓走到書店，櫥窗裡擺滿新書作者的笑容，黑貓
　　　說：「你笑得真好看，上次那個作者也是這樣笑
　　　的，可惜才兩天就沒見到她了。」

（3）黑貓走到咖啡店，櫥窗裡有隻磨咖啡豆的小熊，黑
　　　貓說：「小熊，你到底磨了多少咖啡豆了，你今天
　　　總算可以跟我說說這咖啡味道如何了吧！」黑貓看
　　　了窗邊的老爺爺一眼，又快速離開。

（4）黑貓走到精品店，櫥窗裡的一隻琉璃金魚睜大眼睛
　　　瞪著他看，黑貓說：「我今天還不想吃你，別嚇得
　　　全身漲紅了。」

（5）黑貓走到服裝店，黑貓打量著一套黑色禮服，他心
　　　想：「等我告白成功，跟她求婚那天就這麼穿。」

（6）黑貓走到鞋子店，櫥窗裡有隻慵懶的老虎，他四腳
　　　朝天的頂著四隻鞋，黑貓說：「我懷疑你穿這麼多
　　　鞋，究竟會不會走路，就沒見過你站起來！」

（7）黑貓走到麵包店，櫥窗裡開滿了麵包做成的花，還

有一隻麵包蝴蝶，黑貓想：「真想在麵包花園裡，大吃一頓。」

（8）黑貓走到畫廊門口，他發現櫥窗裡的肖像不見了，那是一張戴著珍珠項鍊的黑貓的畫，黑貓有點悵然：「沒有機會向珍珠告白了，一定是那個給她項鍊的人，把她帶走了。」

（9）黑貓走到骨董店門口，猶豫了一下，櫥窗的門還沒關，他一步一跳的擠進了積滿灰塵的櫥窗，然後門就自動關上，這個時候，剛好老爺爺喝咖啡回來了。黑貓裝作沒事的看著窗外，無趣的打了哈欠。

（10）身旁的銅雕男孩問黑貓：「今天有什麼好玩的？」黑貓想著珍珠，懶得回答，男孩說：「明天我一定跟你去，可惜我走不快，萬一被老爺爺發現就完了。」

黑貓沒理男孩，他繼續想著珍珠。

老爺爺突然凝視著水晶玻璃黑貓，黑貓的眼睛失去了光彩，他回過頭喃喃的說：「今天黑貓失戀了。」

想像力手記

水晶玻璃黑貓把逛街當作他閱讀人生小說的方法，用些許戲謔、嘲諷的態度，和櫥窗裡的主角打交道，最後沒想到他自己也落入了小說的情節裡。戲如人生，人生如戲，看戲的人也在演戲，讀者們不也是在演自己的故事嗎？

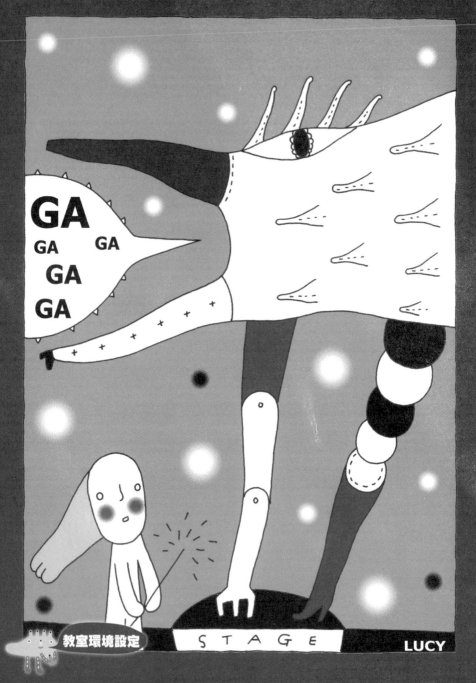

大家都不說流行語、不畫流行偶像商品，只說自己心裡的話、畫出自己創造的造形，設有「想像力開發教室公布欄」，提供孩子自由發表的空間。

第十四堂課

創造一個主角──開創我的舞台

主題發想

大嘴鳥的舞台

（1）大嘴鳥寫了一首歌，很想唱給大家聽，可是大嘴鳥
太害羞了，一直開不了口。

（2）好朋友們很想聽新歌，他們忙著幫大嘴鳥布置表演
的舞台。

（3）蝴蝶說：「應該是一首春天的歌。」於是大家在花
園中央，用粉紅色小花堆成一個舞台，可是大嘴鳥
還是開不了口。

（4）小青蛙說：「新歌一定是和下雨天有關。」於是大
家在池塘裡，選了一片最大的荷葉當舞台，可是大
嘴鳥還是開不了口。

（5）小地鼠說：「大嘴鳥這麼害羞，看來歌詞是祕密，

不能被太多人聽到。」於是大家在地洞裡，用力挖
出了一個舞台，可是大嘴鳥還是開不了口。

（6）兔子說：「大嘴鳥想唱一首愛情的歌，需要更浪漫
的舞台。」於是大家在咖啡廳的陽台上，布置了約
會的舞台，可是大嘴鳥還是開不了口。

（7）刺蝟說：「可能是一首快樂的歌。」於是大家在樂
園的中央，掛滿了彩色氣球當舞台，可是大嘴鳥還
是開不了口。

（8）小象說：「說不定是一首流浪的歌。」於是大家在
小象身上，放了一個紅色的凳子當舞台，可是大嘴
鳥還是開不了口。

（9）小狐狸說：「一定是一首神祕的歌。」於是大家戴
上面具，並且借了劇院裡的小劇場當舞台，可是大
嘴鳥還是開不了口。

（10）天黑了，大家還是找不到大嘴鳥的表演舞台，失
望的解散了，忽然在黑暗中傳來了嘎－嘎－嘎－
的怪聲，把好朋友們嚇壞了，紛紛尖叫，原來大

嘴鳥開口唱歌了，大家好奇的圍在大嘴鳥周圍

問：「請問這首歌在唱什麼呢？」

大嘴鳥說：「是一首嚇人的歌。」

想像力手記

有了好的表演，還得要適當的舞台和配合的
觀眾，來強化表演效果，大嘴鳥之所以開不
了口，是因為舞台氣氛醞釀不夠，觀眾的預
期反應不佳，天黑後，他終於開口了，因為
黑色的天幕就是嚇人最好的舞台，朋友們的
自然反應就是最好的舞台效果。

操作方法1

在不同的舞台，有不同的主角精采演出，請想想看生活周遭有誰是主角？請孩子讀完下列例句後，按照句型造句，並輪流說出來。

例句：

（1）在演講的舞台上，老師是主角。

（2）在夜市的舞台上，叫賣的小販是主角。

（3）在馬戲團的舞台上，小丑是主角。

（4）在廚房的舞台上，廚師是主角。

（5）在實驗室的舞台上，科學家是主角。

（6）在流行服裝的舞台上，設計師是主角。

（7）在歌廳的舞台上，歌手是主角。

（8）在自然界的舞台上，所有的生物是主角。

（9）在我的世界舞台上，我是主角。

（10）在魔術的舞台上，魔術師是主角。

想像力手記

這個世界處處是舞台，人人是主角，找到了自己的專長，找到適合自己發揮的場所，就能成為舞台上的主角，散發舞台魅力、發光發熱。

操作方法2

你有什麼表現是不同於別人的？如果讓你當主角，你想選擇什麼地方當你的舞台？請小朋友想一想，按例句句型造句，輪流說出來。

例句：

（1）我會唱歌，我想要浴室當我的舞台。

（2）我會料理，我想要大飯店的廚房當我的舞台。

（3）我會跑步，我想要運動會當我的舞台。

（4）我會打球，我想要籃球場當我的舞台。

（5）我會畫畫，我想要一個畫室當我的舞台。

（6）我會設計衣服，我想要服裝伸展台當我的舞台。

（7）我會電腦，我想要網路平台當我的舞台。

（8）我會幫助別人，我想要這個社會當我的舞台。

（9）我會做餅乾，我想要開一家餅乾店當我的舞台。

（10）我會種花，我想創造一個花園城市當我的舞台。

想像力手記

在發揮特長的同時，找對舞台作為起步是很重要的，孩子應該多想具體的展現方法，比較有助於特長和生活或未來規畫的連結。

請每個孩子模擬出一個有想像力的故事或畫面。

小丑要去哪裡找到自己的舞台？讀完下面的故事，請孩子試著造出10個句子，編出自己的故事，如果把它畫出來，就是一本圖畫書。

小丑的眼淚

（1）馬戲團關閉了，小丑失去了表演的舞台，但是他捨不得擦掉臉上的笑臉，因為他已經忘了怎麼笑，他將行李背在肩上，朝自己的家的方向慢慢走去。

（2）小丑經過舊城區，他在石頭橋上表演騎單車，鴿子們飛揚著翅膀為他喝采，可是小丑流下了一滴眼淚。

（3）小丑經過城邊的小鎮，他在廣場上表演丟球，廣場上的流浪狗開心的汪汪叫，可是小丑流下了一滴眼淚。

（4）小丑經過小鎮邊上的綠湖，他在湖邊表演吹笛子，天鵝們用優美的姿態，讚賞悠揚的音樂，可是小丑流下了一滴眼淚。

（5）小丑經過綠湖旁的草地，他在草地上表演翻觔斗，蝴蝶們為他撒下美麗的花瓣，裝飾靈活跳動的舞步，可是小丑流下了一滴眼淚。

（6）小丑經過草地周圍的森林，他在最高的樹梢上盪秋

千，松鼠們都探出頭來驚嘆，丟出最美味的核果慰勞無上的勇氣，可是小丑流下了一滴眼淚。

（7）小丑經過森林出口的溪流，他在溪流中央表演踩高蹺，溪邊的鴨子被他滑稽的模樣吸引了，牠們聒噪的叫了起來，好像有成千的觀眾歡呼，可是小丑流下了一滴眼淚。

（8）小丑經過溪流盡頭的農莊，他在羊舍的柵欄上表演平衡木，平穩的腳步讓羊群們佩服得不發一語，小丑完成最成功的表演，可是小丑流下了一滴眼淚。

（9）小丑經過農村的小徑，離家愈來愈近，他臉上虛偽的笑容已經被淚水洗乾淨了，小丑嘴裡哼著小時候唱的歌，臉上露出了真正的笑容。

（10）小丑到家了，迎面而來的是老媽媽，他們緊緊的擁抱，老媽媽開懷的笑著說：「終於等到你回來了，我每天都可以開心的過日子。」

想像力手記

小丑變成了真正的小丑，沒有了馬戲團，到處都是他的表演舞台，沒有了買票進場觀賞表演的觀眾，到處都有讚美他的觀眾，最重要的是小丑回到家，找回了真正的笑容，也找到了最忠實的觀眾。

說故事時間

請孩子發表他的模擬創作，發表完畢後，由老師對孩子提出以下問題，讓孩子自由回答，避免評論。

◆問題1：什麼人是失去舞台的主角？請說説看。

◆問題2：失去表演舞台的人，會有什麼樣的心情，請想想看，試著說出來。

思考時間

由個人或小組分別進行討論，將結果記錄下來。

★思考1：你想成為什麼主角？

★思考2：如何建立自己的舞台？

★思考3：台上台下的心情如何調適？

【發表時間】利用當場發表、自由發表、想像力開發教室公布欄等發表方式，讓孩子自然的表達自己的想法或創意。

想像力延伸

將主題概念延伸之後的可能性是什麼？有興趣的孩子可以繼續想想看。

蛋糕舞台

（1）古怪先生很喜歡彈吉他，可是他一直找不到可以表演的舞台，有點沮喪。

（２）生日那天，古怪太太為了鼓勵古怪先生，決定送他一個特別的禮物。

（３）除了偷偷邀請古怪先生的樂團成員外，古怪太太參考了英國皇家食譜，打算做一個特別的蛋糕。

（４）古怪太太在超級市場買了十公斤麵粉、三百個雞蛋、五公斤糖、十公升奶油和一百公克發酵粉。

（５）古怪太太花了整個上午，才把蛋糕材料拌好。

（６）古怪太太把蛋糕放進燒陶器的火窯裡，關上了窯門，鬆了一口氣時，才想到忘了一件重要的事。

（７）古怪太太一邊調雞尾酒一邊想：「這麼多材料，只是忘了一百公克的發酵粉，應該沒關係吧！」

（８）樂團朋友都來了，蛋糕也烤好了，古怪太太很驕傲的對古怪先生說：「生日快樂！這和英國皇家生日音樂會時烤的蛋糕一樣喔！」

（９）蛋糕果然又大又香，但是卻硬得切不開，簡直就像演奏舞台一樣。

（10）古怪先生和樂團朋友們，一起跳上巨大的蛋糕舞

台，表演自己的音樂，古怪先生總算找到自己的
舞台，古怪太太覺得自己很能幹，烤出了最成功
的蛋糕！

想像力手記

找不到舞台，也能自己創造舞台，才能主動
出擊，古怪太太的小小失誤，卻大大的鼓舞
了古怪先生，不要有懷才不遇的心態，不要
有怨天尤人的觀念，也許樂觀的麵粉加上進
取的雞蛋，還有努力的牛奶加上親和的奶
油，再加上幽默的發酵粉，就能烤出專屬自
己的舞台！

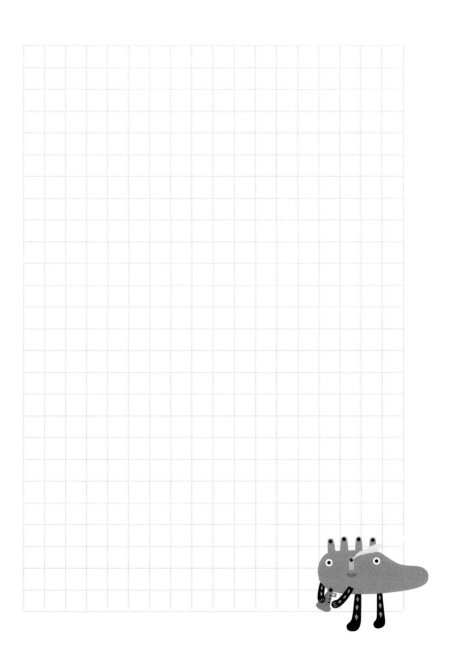

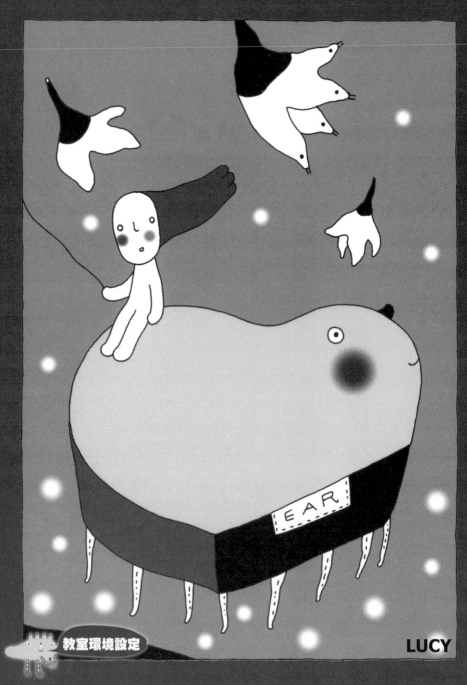

教室環境設定　　　　　　　　　　　　　　　　　　　LUCY

大家都不說流行語、不畫流行偶像商品，只說自己心裡的話、畫出自己創造的造形，
設有「想像力開發教室公布欄」，提供孩子自由發表的空間。

第十五堂課

我聽到了──真的聽到了嗎？

傾聽的耳朵

（1）木棉花道上，有行人來來往往，他們有的快樂，有
　　　的悲傷，有的互相聊天，有的在自言自語，有的會
　　　跟木棉花說話。

（2）一隻貓停在木棉樹下，大聲的對木棉花說：「明天
　　　我要到別的城市去了。」

　　　木棉花說：「我聽到了。」

（3）一個女孩仰著頭，小聲的對木棉花說：「今天我遞
　　　了一張紙條給他。」

　　　木棉花說：「我聽到了。」

（4）一隻長頸鹿伸長了脖子，把嘴巴湊近了木棉花說：
　　　「我好喜歡你的味道。」

　　　木棉花說：「我聽到了。」

（5）一個木偶靠在木棉樹下，輕輕的嘆了一口氣，對木
棉花說：「只有你才是我真正的朋友。」

木棉花說：「我聽到了。」

（6）一個老人抱住了木棉樹，用微弱的聲音對木棉花
說：「希望明天你還記得我。」

木棉花說：「我聽到了。」

（7）一輛玩具車滑到木棉樹下，生氣的對木棉花說：
「你擋住了我的路。」

木棉花說：「我聽到了。」

（8）一個氣球纏住了木棉樹，它喘著氣對木棉花說：
「快放我走！」

木棉花說：「我聽到了。」

（9）一個女人在木棉道上找她的貓，她輕聲的問木棉
花：「你聽到我的煩惱了嗎？」

木棉花說：「我聽到了。」

（10）日復一日，木棉花道上人來人往，無論他們對木
棉花說什麼，木棉花只能說：「我聽到了。」因

為不久後，這些傾聽的耳朵會一朵朵落下，路過的人們甚至聽不見它們死亡的聲音。

想像力手記

這個世界上有好多聲音，有些得以傳達，有些在傳達途中消失；有些傳達了，卻得不到反應；有些得到反應了，卻得不到真正的回應。木棉花雖然聽到了，但是它無法回應對等的熱誠，因為它短暫的生命；但是木棉花聽到了，對很多人來說，已是足夠的安慰。

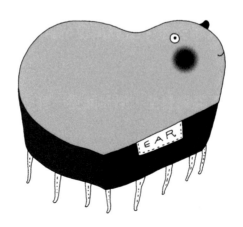

操作方法1

有時候，我們因為某些原因，沒有真正聽到別人說的話，請孩子讀完下面的例句後，按照例句句型造句，輪流說出來。

例句：

（1）你說我的態度不好，可是我沒有真正聽到。

（2）媽媽說我的布鞋該洗了，可是我沒有真正聽到。

（3）小狗跟我說想吃牛排，可是我沒有真正聽到。

（4）老師說明天要數學小考，可是我沒有真正聽到。

（5）爸爸說工作愈來愈辛苦，可是我沒有真正聽到。

（6）爺爺說體力愈來愈差，可是我沒有真正聽到。

（7）同學又說她最近胖了，可是我沒有真正聽到。

（8）姊姊說我房間太亂，可是我沒有真正聽到。

（9）弟弟說要我陪他玩，可是我沒有真正聽到。

（10）我說我很煩，可是我沒有真正聽到。

想像力手記

我聽到了，但是沒有真正聽到，有許多不同層次的意義，可能是不認同，可能是故意漠視，可能是無能為力，可能是不想面對，可能是不知如何反應，可能是不耐煩，可能是自暴自棄，當我們接收外來訊息時，很多時候都是有聽到，但是沒有真正聽到。

操作方法2

如果是真的聽到了，你會做什麼反應呢？接續「操作方法1」的例句，請參考以下例句句型，讓孩子輪流說出來。

例句：

（1）你說我的態度不好，我說：「我會慢慢改善。」

（2）媽媽說我的布鞋該洗了，我說：「周末就洗。」

（3）小狗跟我說想吃牛排，我摸摸牠的頭安慰牠：「等

我吃牛排的時候，就會分你吃。」

（4）老師說明天要數學小考，我說：「今天晚上要拚了。」

（5）爸爸說工作愈來愈辛苦，我幫爸爸倒了一杯熱茶。

（6）爺爺說體力愈來愈差，我說：「吃完晚飯，我幫爺爺捶背。」

（7）同學又說她最近胖了，我拿開她手裡的蛋糕，再剝一半還她。

（8）姊姊說我房間太亂，我說：「可不可以幫我一起整理？」

（9）弟弟說要我陪他玩，我說：「我要去打球，要不要一起去？」

（10）我說我很煩，我把日記本拿出來，寫下我為什麼很煩。

> ### 想像力手記
>
> 「真正的聽到」是需要表達出來的，可以是言語表達，也可以是行為表示，這樣才能完成溝通，即使無法馬上實踐承諾，也要說出自己的想法，這樣才是與人相處或面對自己的負責態度。

請每個孩子模擬出一個有想像力的故事或畫面。

讀完以下故事，請孩子寫出10個句子，完成自己的故事，如果把它們畫出來，就是一本圖畫書。

悄悄話

（1）小象對蝸牛說悄悄話，蝸牛說：「我聽到了。」

蝸牛親了小象一下。

（2）小象對毛毛蟲說悄悄話，毛毛蟲說：「我聽到了。」

　　　毛毛蟲親了小象一下。

（3）小象對小河說悄悄話，小河說：「我聽到了。」

　　　小河親了小象一下。

（4）小象對大樹說悄悄話，大樹說：「我聽到了。」

　　　大樹親了小象一下。

（5）小象對草地說悄悄話，草地說：「我聽到了。」

　　　草地親了小象一下。

（6）小象對小花說悄悄話，小花說：「我聽到了。」

　　　小花親了小象一下。

（7）小象對天空說悄悄話，天空說：「我聽到了。」

　　　天空親了小象一下。

（8）小象對小雨說悄悄話，小雨說：「我聽到了。」

　　　小雨親了小象一下。

（9）小象對媽媽說悄悄話，媽媽說：「我聽到了。」

（10）媽媽親吻了小象說：「我也愛你。」

　　　小象紅著臉笑起來了。

想像力手記

要說出「我愛你」這句話，需要很多練習，

小象先練習對他周圍的小昆蟲和大自然說，

最後才跟媽媽說，就一點都不難了。

說故事時間

請孩子發表他的模擬創作，發表完畢後，由老師對孩子提出以下問題，讓孩子自由回答，避免評論。

◆問題1：什麼時候你會說：「我聽到了。」但是沒有真正聽到？

◆問題2：什麼時候別人對你說：「我聽到了。」但是沒有真正聽到？

由個人或小組分別進行討論，將結果記錄下來。

★思考1：你曾經漠視別人說的話嗎？請舉例。

★思考2：如果別人漠視你說的話，你會如何反應？

★思考3：如果你的表達沒有得到回應，有什麼其他的方

　　　　法嗎？

【發表時間】利用當場發表、自由發表、想像力開發

教室公布欄等發表方式，讓孩子自然的表達自己的想法

或創意。

想像力延伸

　　將主題概念延伸之後的可能性是什麼？有興趣的孩

子可以繼續想想看。

甜蜜的回音

（1）森林裡的小動物們都住得很遠，他們想要和彼此說

　　　話時，就會朝山谷大喊，不久山谷的回音就會傳到

　　　小動物們的家。

（2）小熊聽到了：「明天花開的時候，到我家喝茶。」

　　　小熊烤了手工餅乾。

（3）小花鹿聽到了：「明天花開的時候，到我家喝
　　茶。」

　　小花鹿做了野莓果醬。

（4）貓頭鷹聽到了：「明天花開的時候，到我家喝
　　茶。」

　　貓頭鷹做了蔬菜捲。

（5）小松鼠聽到了：「明天花開的時候，到我家喝
　　茶。」

　　小松鼠做了核桃酥派。

（6）小兔子聽到了：「明天花開的時候，到我家喝
　　茶。」

　　小兔子烤了紅蘿蔔蛋糕。

（7）小山豬聽到了：「明天花開的時候，到我家喝
　　茶。」

　　小山豬炸了蜜番薯。

（8）小綠鴨聽到了：「明天花開的時候，到我家喝
　　茶。」

小綠鴨做了春天三明治。

（9）小象聽到了所有人的回應：「我聽到了！」

小象忙著準備杯子和花果茶。

（10）第二天早上，山谷開滿了花，大家都到了小象

家，一起享用豐盛的茶點配花果茶，回家路上，

他們朝著山谷大喊：「今天好開心！」

甜蜜的回音迴盪在山谷間，久久沒有散去。

想像力手記

當小動物們回應小象邀約的同時，已經想像

了大家聚會的樣子，喝茶一定要配點心，所

以每個人都做了自己拿手的糕點，而大象收

到了大家的回應時，也知道他們都會準備點

心，這減輕很多準備工作，森林的小動物

們，一定是常常利用山谷的回音，進行交流

與溝通，才能有如此默契。

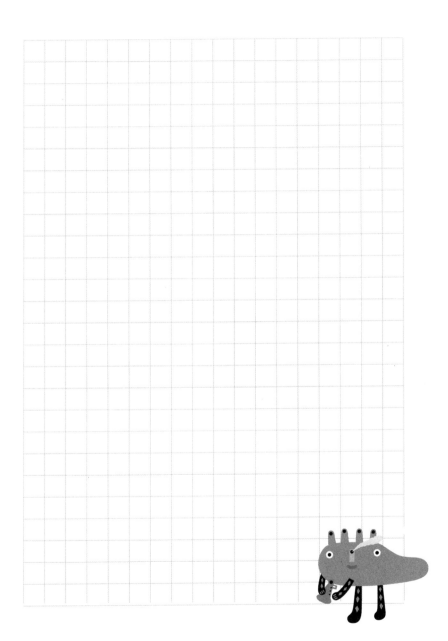

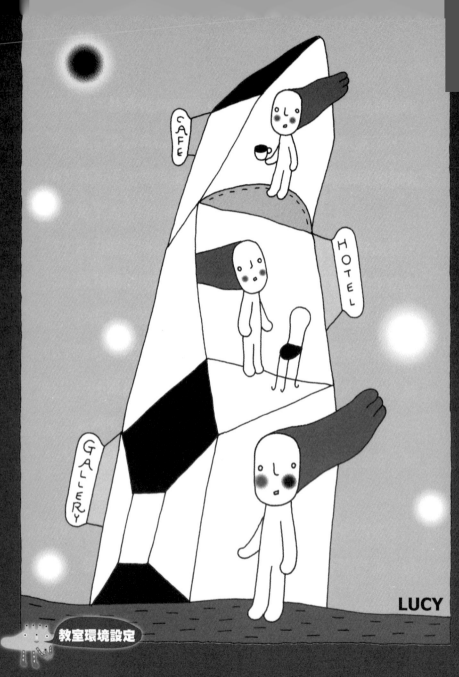

LUCY

教室環境設定

大家都不說流行語、不畫流行偶像商品，只說自己心裡的話、畫出自己創造的造形，設有「想像力開發教室公布欄」，提供孩子自由發表的空間。

第十六堂課

用想像構築的世界
──獨一無二的生命藍圖

 主題發想

校園迷宮

（1）古怪學校的四周被七彩湖水圍繞，大門口的木頭橋是對外交通的唯一出入口。

（2）每天早上，上課時間一到，木頭橋就上升，整個學校就像是浮在水上的孤島。

（3）古怪學校裡的遊樂設施只有一座迷宮，是由高過人身的灌木林修剪而成的。

（4）這座迷宮是全校師生既嚮往又害怕的目標，校方為了讓更多人向迷宮挑戰，還特別縮短上課時間，延長下課時間。

（5）但是即使是下課時間已經調整到比上課時間長，能

　　夠從迷宮出來的人，還是寥寥無幾。

（6）那些來不及從迷宮出來的人們呢？他們不是錯過了
　　　上課，就是錯過了放學。

（7）有些人被困在迷宮的某個空間裡，不停的來回遊
　　　走，後來迷路的人，也會加入他們的行列。

（8）除非迷路的人自己走出來，否則沒有人可以幫忙。

（9）古怪學校規定一旦從迷宮出來的人，就禁止再進
　　　入，以免破壞迷宮的趣味性。

（10）迷宮裡偶爾會傳來朗頌詩歌的聲音，那裡有一群
　　　　老師和學生，活在我們看不見的世界。

想像力手記

文學和藝術用想像力，構築出千變萬化的殿堂，它們就像百變迷宮一樣，每次進入都有不同的感動和刺激，在迷宮徘徊的時間，提供了我們更多思考檢討的機會。無論是關於美感的追求、關於生命的真理、關於生活的真相，都能運用想像力重新定義。

操作方法1

　　如果把你認識的人，比喻成一棟建築物，或是一家店，會是什麼呢？為什麼？請孩子按例句句型，輪流說出來。

　　例句：

（1）哥哥是一家唱片行，因為他喜歡聽音樂。

（2）爸爸是一個修車店，因為他什麼車都會修。

（3）奶奶是一座教堂，因為她隨時都在禱告。

（4）姊姊是一間倉庫，因為她喜歡收集用不到的東西。

（5）王家緯是一家玩具店，因為他的玩具比誰都多。

（6）妹妹是一幢小小的白房子，因為她總是很安靜。

（7）你是一棟公寓，說話時很激動，像是很多人同時說
話。

（8）媽媽是一間麵包店，因為她可以三餐都吃麵包。

（9）老師是一座圖書館，因為他說出來的話都是書上寫
的。

（10）爺爺是一座植物園，因為他認識所有的植物。

想像力手記

如果把每個人代表的建築物或商店，排成一
排，看起來像不像我們住的那條街？街上有
唱片行、修車店、教堂、倉庫、玩具店、小
白房子、公寓、麵包店，還有植物園。

操作方法2

　　如果把你自己比喻為一棟建築物或是一家店，你希望你是什麼？請孩子想想看，然後按例句句型造句，輪流說出來。

　　例句：

（1）我希望我是一座遊樂園。

（2）我希望我是一家牛排餐廳。

（3）我希望我是一間書店。

（4）我希望我是一個水族館。

（5）我希望我是一家水果店。

（6）我希望我是一家冰淇淋店。

（7）我希望我是一家糖果屋。

（8）我希望我是一家電影院。

（9）我希望我是一座美術館。

（10）我希望我是一間咖啡館。

想像力手記

孩子的希望一方面吐露了自己的喜好,同時也暗示了對未來的期待,以樂園為例,孩子希望自己活得精采開心,與許多朋友分享;以書店為例,孩子喜歡獨處,享受自我的時間。

請每個孩子模擬出一個有想像力的故事或畫面。

讀完以下故事,造出10個句子,寫成自己的故事,如果把它畫出來,就是一本圖畫書了。

森林美術館

（1）森林的入口,不知道什麼時候出現了一個木刻的招牌:「森林美術館」。小動物們又興奮又好奇,不

知道美術館是賣什麼東西的。

（2）森林裡的小動物並不因為美術館的話題，打亂生活
作息。

小松鼠正忙著用松果和枯葉黏成爺爺的雕像。

（3）啄木鳥先生正忙著在樹幹上，一筆一畫刻出啄木鳥
太太的肖像畫。

（4）小鼴鼠用枯木和乾燥花，在家門口立了一個漂亮的
橢圓形門牌。

（5）棕兔在野莓小徑上，用彩色的莓果排成了一個美麗
的花園。

（6）青蛙在湖面上跳來跳去，湖面形成大大小小的綠色
圈圈。

（7）猴子在樹上盪來盪去，用樹藤織成了來回交錯的線
條。

（8）鮮豔的雉雞在樹間穿梭前進，好像隱藏在森林裡走
秀的模特兒。

（9）蝴蝶成群停在花叢上採蜜，好像盛裝打扮的舞者。

（10）美術館開幕那天，小熊館長帶著小動物們參觀了
　　　森林裡的藝術品，大家發出了驚嘆的讚美：「原
　　　來，我們都是藝術家！」

想像力手記

想像力是無中生有、獨一無二的藍圖，有了
想像力就能無限伸展未來，立體雕像、肖像
刻畫、自己設計的門牌、莓果花園、圈圈抽
象畫、線條抽象畫、時尚的藝術、舞台藝
術，這些美的事物都可能在我們身邊發生，
如果我們在一個不起眼的小鎮，掛上「小鎮
美術館」的招牌，也許我們會發現許多藝術
品，每個人都是生活藝術家。

說故事時間

請孩子發表他的模擬創作，發表完畢後，由老師對孩子提出以下問題，讓孩子自由回答，避免評論。

◆問題1：你有什麼夢想？

◆問題2：請想像未來的你，在哪裡？在做什麼？

由個人或小組分別進行討論，將結果記錄下來。

★思考1：如何連結現在和未來？

★思考2：如果現在有一個夢想，五年之後，夢想會改變嗎？為什麼？

★思考3：為了實踐夢想，你願意付出什麼樣的努力？

【發表時間】利用當場發表、自由發表、想像力開發教室公布欄等發表方式，讓孩子自然的表達自己的想法或創意。

想像力延伸

　　將主題概念延伸之後的可能性是什麼？有興趣的孩子可以繼續想想看。

空地上的夢想

（1）漢諾瓦街角上有一塊空地，每次我經過那塊空地時，都有一陣清涼的風吹過我的臉，使我忍不住閉上眼睛，想像空地上蓋起了一間美麗的商店，對我敞開大門，歡迎我進去。

（2）「歡迎光臨！」

　　十歲的我走進了一間糖果屋，我在甜蜜的色彩裡，遇見生命最初的滿足。

（3）「歡迎光臨！」

　　二十歲的我走進了一家花店，我在新鮮的死亡裡，感嘆轉眼即逝的青春。

（4）「歡迎光臨！」

三十歲的我走進了一間麵包店，我在蒸騰的熱氣中，追尋物欲的焦味。

（5）「歡迎光臨！」

四十歲的我走進了一間書店，我在潮溼的印墨裡，瞪視剛剛擦身而過的自己。

（6）「歡迎光臨！」

五十歲的我走進了一個樂器行，我在無聲的琴絃間，彈奏徘徊不前的歲月。

（7）「歡迎光臨！」

六十歲的我走進了一間咖啡店，我在冷卻的咖啡杯底，看到思想隧道的入口。

（8）「歡迎光臨！」

七十歲的我走進了一間畫廊，我在黑白的照片上，找到右手的簽名。

（9）「歡迎光臨！」

八十歲的我走進了一家旅館，我在黑色的牆壁後面，安靜的呼吸。

（10）我在等待經過街角的人，當他吹著涼風閉上眼睛
的時候，我會為他打開大門，然後對他說：「歡
迎光臨！」

想像力手記

也許在這世界上，有一塊空地是屬於你的，
你可以在上面構築各種建築物，讓自己能輕
鬆走進去，感覺受到安全保護，還能包容自
己每個時期的需求和欲望，如果你沒有找到
這塊空地，至少請在腦子裡清出一塊空地，
盡情的構築自己的夢想。

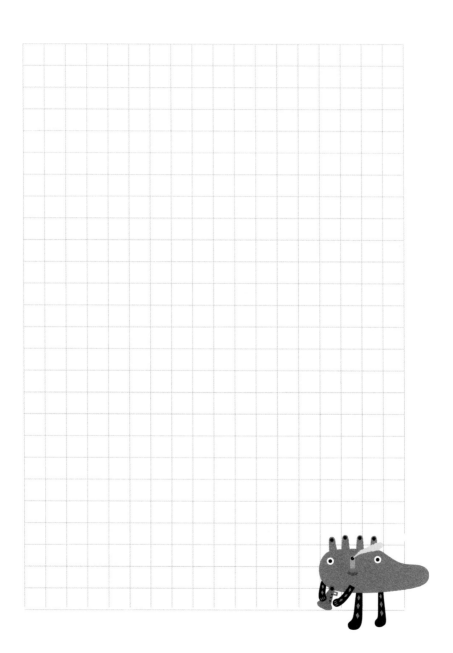

國家圖書館出版品預行編目資料

想像力開發創意教室2 / 陳璐茜文.圖. – 初版.
　　-- 台北市：幼獅, 2012.03
　　　面；　公分. --（新Highh師生手冊；23）

　　ISBN 978-957-574-860-9（平裝）
1.繪本 2.創造思考教學 3.學前教育

　　523.23　　　　　　　　　100027384

新High師生手冊 23

想像力開發創意教室2

作　　　者＝陳璐茜
繪　　　者＝陳璐茜
出 版 者＝幼獅文化事業股份有限公司
發 行 人＝李鍾桂
總 經 理＝廖翰聲
總 編 輯＝劉淑華
主　　編＝林泊瑜
編　　　輯＝黃淨閔
美術編輯＝李祥銘
總 公 司＝10045台北市重慶南路1段66-1號3樓
電　　　話＝(02)2311-2832
傳　　　真＝(02)2311-5368
郵政劃撥＝00033368

門市
●松江展示中心：10422台北市松江路219號
　電話：(02)2502-5858轉734　傳真：(02)2503-6601
●苗栗育達店：36143苗栗縣造橋鄉談文村學府路168號（育達商業科技大學內）
　電話：(037)652-191　傳真：(037)652-251

印　　　刷＝崇寶彩藝印刷股份有限公司　　　幼獅樂讀網
定　　　價＝230元　　　　　　　　　　　　http://www.youth.com.tw
港　　　幣＝77元　　　　　　　　　　　　 e-mail:customer@youth.com.tw
初　　　版＝2012.03
書　　　號＝954211

基本資料

姓名：＿＿＿＿＿＿＿＿＿＿＿＿＿＿＿先生／小姐

婚姻狀況：□已婚 □未婚　職業：□學生 □公教 □上班族 □家管 □其他

出生：民國＿＿＿＿年＿＿＿＿月＿＿＿＿日

電話：（公）＿＿＿＿＿（宅）＿＿＿＿＿（手機）＿＿＿＿＿

e-mail：＿＿＿＿＿＿＿＿＿

聯絡地址：＿＿＿＿＿＿＿＿＿

1.您所購買的書名：**想像力開發創意教室2**

2.您通常以何種方式購書?：□1.書店買書 □2.網路購書 □3.傳真訂購 □4.郵局劃撥
　　　　（可複選）　　□5.幼獅門市 □6.團體訂購 □7.其他

3.您是否曾買過幼獅其他出版品：□是，□1.圖書 □2.幼獅文藝 □3.幼獅少年
　　　　　　　　　　　　　　　□否

4.您從何處得知本書書息：□1.師長介紹 □2.朋友介紹 □3.幼獅少年雜誌
　　　　（可複選）　　□4.幼獅文藝雜誌 □5.報章雜誌書評介紹＿＿＿＿＿報
　　　　　　　　　　□6.DM傳單、海報 □7.書店 □8.廣播(　　　　　　)
　　　　　　　　　　□9.電子報、edm □10.其他＿＿＿＿＿

5.您喜歡本書的原因：□1.作者 □2.書名 □3.內容 □4.封面設計 □5.其他

6.您不喜歡本書的原因：□1.作者 □2.書名 □3.內容 □4.封面設計 □5.其他

7.您希望得知的出版訊息：□1.青少年讀物 □2.兒童讀物 □3.親子叢書
　　　　　　　　　　　□4.教師充電系列 □5.其他

8.您覺得本書的價格：□1.偏高 □2.合理 □3.偏低

9.讀完本書後您覺得：□1.很有收穫 □2.有收穫 □3.收穫不多 □4.沒收穫

10.敬請推薦親友，共同加入我們的閱讀計畫，我們將適時寄送相關書訊，以豐富書香與心靈的空間：

(1)姓名＿＿＿＿＿e-mail＿＿＿＿＿電話＿＿＿＿＿

(2)姓名＿＿＿＿＿e-mail＿＿＿＿＿電話＿＿＿＿＿

(3)姓名＿＿＿＿＿e-mail＿＿＿＿＿電話＿＿＿＿＿

11.您對本書或本公司的建議：

10045　台北市重慶南路一段66-1號3樓

幼獅文化事業股份有限公司

··

請沿虛線對折寄回

客服專線：02-23112832分機208　傳真：02-23115368

e-mail：customer@youth.com.tw

幼獅樂讀網http：//www.youth.com.tw